믿고 싶지만

믿어지지 않는 이에게

믿고 싶지만
믿어지지 않는 이에게

초판 1쇄 발행 | 2020년 5월 25일
초판 3쇄 발행 | 2024년 1월 25일

지은이 | 이종필
펴낸이 | 이한민
펴낸곳 | 아르카

등록번호 | 제307-2017-18호
등록일자 | 2017년 3월 22일
주 소 | 서울 성북구 숭인로2길 61 길음동부센트레빌 106-1805
전 화 | 010-9510-7383
이메일 | arca_pub@naver.com

홈페이지 | www.arca.kr
블로그 | arca_pub.blog.me
페이스북 | fb.me/ARCApulishing

책 값 | 뒤표지에 있습니다
ISBN | 979-11-89393-14-4 03230
CIP | 2020019428

아르카ARCA는 기독출판사이며 방주ARK의 라틴어입니다(창 6:15).
네가 만들 방주는 이러하니 … 새가 그 종류대로, 가축이 그 종류대로,
땅에 기는 모든 것이 그 종류대로 각기 둘씩 네게로 나아오리니 그 생명을 보존하게 하라 _창 6:15,20

의심과 오해를 떠나
믿음으로 출발하는 신앙 여행 가이드

믿고 싶지만
믿어지지 않는 이에게

이종필 지음

아르카

단순한 변증이 아닌, 실제 경험을 바탕으로 믿음과 의심 사이에서 여전히 길을 찾고 있는 이들에게 도움을 주고 싶은 이종필 목사님의 간절한 마음이 귀한 열매를 맺었습니다.

저는 이 책을 읽는 동안, 의심과 오해에서 벗어나지 못하는 이들의 마음을 이전엔 잘 몰랐고, 또한 귀 기울이지 못한 것 같아 미안한 감정이 먼저 속에서 올라왔습니다. 이 책에서 귀한 대화가 시작되고, 의심과 오해를 넘어 믿음의 여정이 시작되리라 믿습니다.

이 책이 교회 공동체 안팎에서, 믿고 싶지만 믿어지지 않는 이들이 안전하고 편안하게 질문하고 배우며 믿음에 이를 수 있는 길이 되리라 확신합니다.

김성겸 목사, 안산동산교회

우리보다 먼저 예수를 믿었던 분들에게서는 잘 터져 나오지 않던 신앙의 질문들이 우리 시대의 신자들의 입에서는 노골적으로, 때로는 당돌하게 쏟아져 나옵니다. 이런 질문들 앞에 머리가 아득해지는 경험을 하게 됩니다. 아마도 목회자들도 시원한 답을 하기 어려워서 그럴 겁니다.

이종필 목사님께서 이번에 가장 원초적이고 예민하고 날이 서 있는 질문들을 향해, 그가 이제까지 치열하게 배우고 익힌 성경 신학과 목회 현장에서 길어 올린 삶의 통찰을 동원하여 정면승부를 하고 있습니다. 교회와 그 안을 구성하고 있는 사람들의 말에 데어본 일이 있거나, 시원한 답변을 얻지 못했거나, 그동안 교회에서 배운 신앙의 지식이 삶과 연결이 되지 않는 분이라면 열린 마음으로 이 책을 읽어보십시오. 신학적이거나 철학적이거나 추상적이고 어려운 용어가 아닌 일상의 언어로, 기독교의 본질을 집요하게 파헤치고 일깨우는 이 목사님의 글은 고민과 고뇌에 사로잡힌 누군가를 분명히 살려놓을 것입니다. 이것을 확신하며, 이 책을 여러분에게 강력하게 권합니다.

김관성 목사, 행신침례교회

이 책을 읽고 느낀 점은 이렇습니다.
'쉽다! 덩어리를 잘 쪼개어 쉽게 설명한다! 구체적이고, 실제적인 내용이다! 일관성이 있고, 궁금한 점에 대해 잘 짚어주는 족집게 강사의 해설서다!'
교수와 강사의 차이는 이렇습니다. 교수는 쉬운 것을 어렵게 설명하고, 강사는 어려운 것을 쉽고 재미있게, 이해되게 설명해줍니다. 저자는 그런 명강사처럼, 진실을 탐구하고 파헤치는 셜록 홈즈처럼, 성경과 그 진리에 의심하고 반문하려는 사람들에게 친절하게, 믿을 수 있고 부인할 수 없는 이유를 명쾌히 풀어줍니다. 마치 음식이 어떻게 만들어졌는지, 그 요리를 하는 과정과 맛의 비결인 레시피를 공개하는 것 같습니다.
이 책은 보석이 원석으로 발견되었을 때 흙이 묻어 있는 것처럼, 예수님의 제자들도 처음에는 예수님을 이해하지 못하고 부인했던 기독교의 원색적 모습을 들춰내 보여주면서도, 우리가 왜 부인할 수 없는지를 드러내주고 있습니다. 역사적 근거를 제시하면서, 역사적 배경 속에 예수를 믿지 못할 이유가 전혀 없음을 또한 제시해주고 있습니다. 좀 더 자세히 말하면, 사실 믿음이 없어서가 아니라 다른 것을 강하게 믿는 믿음이 있어서 믿지 못한다는 것을 변증하고 있습니다. 진리를 탐구하는 성도, 리더, 목회자에게 일독을 권합니다. 그러면 생각 속에 있는 믿음을 저해하는 독이 빠져 나갈 것입니다.

김영한 목사, 품는교회, Next 세대 Ministry

현장에서 만나는 다음 세대는 기독교에 대한 불신만큼이나 오해도 많습니다. 이러한 오해는 다음세대를 교회로부터 더욱 멀어지게 만들었습니다.
이종필 목사님은 자신의 삶과 사역을 통해 기독교의 진실이 무엇인지 보여주고 있습니다. 이 책은 잠시 교회를 떠난 이들에게, 그리고 교회에 출석은 하지만 불편한 오해로 낙심하고 있는 이들에게도 설득력 있는 답을 제시하며 하나님나라의 소망을 갖게 합니다. 현장에서 사역하는 다음세대 사역자들에게도 이 책을 강력하게 추천합니다.

문경구 목사, 십대라면 대표

이종필 목사님은 복음의 비밀을 확장시키기 위해 생명을 건 분입니다. 이 목사님과 함께 극동방송 가족들에게 오랜 시간 사랑 받는 코너를 진행하면서 느낀 점은, 목사님의 접근방식이 늘 논리적이면서도 철저히 성령의 능력을 의지하고 있다는 것입니다.
어린 시절 저도 예수님을 믿고 싶었지만 도저히 믿지 못했던 날들이 있었습니다. 저처럼 의심이 많고 잘 믿어지지 않는 누군가가 계시다면 이 책이 답입니다. 탁월한 복음 변증가의 설명을 꼭 한 번 들어보십시오. 절대로 후회하지 않을 것입니다.

송옥석 지사장, 포항극동방송

프롤로그

뭔가 시원스레 믿어지지 않는다면

안티 기독 청년, 교회에 오다

2013년 8월, 한 청년이 우리 교회에 왔다. 그는 힘든 일이 겹쳐 고민하던 중에 길에서 우연히 지인을 만났는데, 그 지인이 우리 교회 교인이었다. 몸도 마음도 힘든 상황인데 그 지인의 권면도 있고 해서, 큰 기대 없이 한 번 가보자는 마음으로 우리 교회에 왔다고 했다. 기대 없이 온 사람치고는 참 밝았고, 오자마자 적극적으로 예배에 참여하고 교인들과 사귀기 시작했다. 그냥 삶에 임하는 자세가 좋았던 청년이었다. 하루는 내게 이런 인사도 했다.

"목사님 말씀이 제가 가지고 있던 인생관과 비슷한 것 같아요.

교회에서 배우는 것이 제 인생에 도움이 되고 있어요.”

새가족이 이렇게 빨리 적응하면 ‘교회에 온 이단일 수도 있겠다’는 의심을 받을 것이다. 어쨌든 잘 적응하니 목사인 나로서는 참 행복했다. 그는 물론 이단은 아니었다. 이런 저런 대화를 나누면서 우리는 제법 가까워졌다.

그는 자라면서 교회에 거의 가본 적이 없는 완전한 비신자였다. 비신자들 대부분이 그렇듯, 교회와 기독교 신앙에 대해 강한 안티였다고 자신을 소개했다. 가정사는 불행했고 할머니는 무속인이었다. 그런 배경을 가진 청년이 주님을 알아가는 과정을 지켜보는 것은 목사로서 황홀한 경험이었다.

이 청년은 시간이 지나면서 교회의 양육에 열심히 참여했고 장애 아동을 돌보는 소그룹의 봉사에도 앞장섰다. 주일에 정기적으로 교회에 나오는 것은 물론이고, 출석한 지 몇 달 후에는 헌금에 대해 질문하기에 답을 해주었더니, 경제적으로 어려운 가운데서도 십일조를 하기 시작했다. 덩달아 청년공동체에도 활기가 생겼다. 모든 모임에 적극적으로 참여하는 그가 기존의 청년들에게 선한 영향을 끼친 것이다.

시간이 지나 그가 교회 나온 지 어언 2년 정도가 되었다. 다니던 직장에서 그를 전라남도 광주광역시로 파견 근무를 보냈다. 너무나 아쉬웠다. ‘아직 초신자인데, 먼 곳으로 파견을 가서 신앙을 잃어버리면 어떻게 하지?’ 하는 걱정이 앞섰다. 그런데 이게 웬일인가? 매주일 광주에서 서울까지 차비와 시간을 아까워하지 않고 올라왔고, 누가 보더라도 지나칠 정도로 열심히 교회에 출석하는 것이 아닌가? '이러다 지치겠지' 하는 섣부른 예상은 보기 좋게 빗나갔다. 그의 열심은 파견 근무가 끝날 때까지 한결 같았다. 성도들 사이에서는 이 정도면 '거의 장로급'이라고 칭찬이 자자했다.

그가 파견 근무를 하던 중에 깊이 대화하는 시간을 갖게 되었다. 그는 내게, 신앙생활을 시작하고 나서 평생 갈등관계에 있던 아버지와 관계가 좋아지고 마음에 평안이 생겼다고 간증했다. 그 간증을 들으니 또 얼마나 행복했는지 모른다. 이 청년에게 하나님나라의 도래는 현실이었다. 기적 같은 이야기들이 그에게 현실이 되어갔다.

교회는 열심히 나오는데 안 믿어진다?

진짜 놀라운 일은 이때부터 시작되었다. 이 청년이 교회를 출석한 지 어언 3년이 지나가던 무렵이었다. 양육을 받으며 장애인을 돕는 일에 앞장서고 가정이 회복되는 경험을 하는 놀라운 일들이 일어나는 과정에서 한 가지 이상한 점이 보인 것이다. 1년에 두 번 세례식을 할 때마다 아무리 광고를 해도 그가 세례 받겠다는 신청을 하지 않는 것이었다. 교회를 경험한 적이 없으니 몰라서 그럴 것이라 생각하고, 결국 내가 직접 세례 받기를 권했다. 그런데 뜻밖에도 단칼에 거절했다. 충격이었다.

일반적으로 교회에 나오기 시작한 분들은 교회를 몇 개월만 잘 출석해도 세례 받기를 권하면 받아들인다. 마치 세례 받기를 기대하고 있었다는 듯이 소망하는 경우가 보통인 것이다.

군대 다녀온 분들은 잘 알겠지만, 신병교육대에서는 교회에 다니지 않았던 군인들에게 단체로 세례를 주기도 한다. 그러나 우리 교회는 그렇게 하지 않는다. '신앙 검증'을 위해 좀 더디게 세례를 준다. 적어도 1년은 지켜본다. 그리고 몇 개월간 신앙 교육을 받아야 한다. 그것이 우리 교회의 관행이고, 아무리 오래 교회 다녀도 교인들이 보기에 신실하지 않으면 세례를 주지 않는다. 그러나 이 청년은 교회 생활도 매우 모범적이었으며, 교회 나온 지 2년 이상 지났으니 당연히 세례를 받을 줄 알았다. 그런데 거절하다니, 뜻밖이었다.

개인의 의사를 존중해야 하니 두 말 없이 계획을 접고 1년을 더 기다렸다. 1년 후에도 답은 동일했다. 정말 이해되지 않았다. "내가 볼 때 너는 세례를 받을 자격이 있다"고 여러 번 이야기했지만 결국 세례는 불발되었다. 아무나 가볍게 세례를 받고 기독교인의 신앙고백을 전혀 지키지 않는 사람들 때문에 받았던 충격보다, 신실한 그 청년이 세례를 거부하는 충격이 훨씬 크게 다가왔다.

왜 세례를 받으려 하지 않는 것인지 조심스럽게 물었다. 뜻밖의 답변이 돌아왔다.

"아직 저는 기독교인이 아닌 것 같아요."

그의 대답을 듣고 내가 받은 느낌은 이랬다.

'아직도 자신에게 부족한 면이 있다고 생각하는구나. 겸손한 친구네.'

형식으로서의 예식은 중요하지 않다고 생각하는 이들이 간혹 있다. 그러니 그 청년도 그런 청년들 중에 하나라고 생각했다. 나는 그를 격려하며 이렇게 말했다.

"우리는 누구나 완벽할 수는 없어. 그래도 너의 의견을 존중할게."

그리고 더 이상의 대화는 하지 않았다.

그 청년은 여전히 밝고 건강하게 교회를 다녔고, 말씀을 배우는 자리에 열심히 나왔다. 봉사에도 늘 신실했다.

시간은 흘러 몇 달이 지났다. 그 청년을 포함한 10여 명의 형제들과 엠티를 가게 되었다. 한적하고 공기 좋은 시골집에서 성경을 보고 기도하는 시간을 가졌다.

사도행전을 읽고 각자 묵상한 내용을 나누는 시간에, 나는 그 청년에게도 생각한 것을 나누기를 권했다. 이번에도 그는 예상치 못한 발언을 했다.

"사도행전 말씀은 어려워서 잘 이해하지 못했어요. 그런데 여기 모인 형들에게 물어보고 싶은 것이 있어요. 형들은 부활이 믿어져요?"

엥? 당황스러웠다. 그가 왜 이러는지 궁금하기도 했다. 함께 말씀을 묵상하던 다른 지체들은 이런 저런 답변을 해야 했다.

"나는 성경에 나오니까 믿어."

"나는 어렸을 때부터 믿었어."

"당연히 믿지. 역사적 사실이니까."

이런저런 답을 들은 그 청년의 표정은 여전히 어두웠다. '그러니까 그게 어떻게 믿어지냐구요?'라는 표정이었다.

나는 그때 알게 되었다. "아직 기독교인이 아닌 것 같다"는 그의 말의 의미는 예수님의 부활이 믿어지지 않는다는 것이었다. 부활이 믿어지지 않는데, 교회에 열심히 나오고 있다는 이유로 세례를 받는 것은 양심에 불편했던 것이다.

결국 그 청년의 문제는 부활이 믿어지지 않는 것이었다. 더 정확히 말하면, 믿고는 싶은데 뭔가 시원하게 믿어지지 않으니 마음이 힘들다는 것이었다. 성경에 나온다고 하고 다른 사람들도 믿으니 나도 믿어야 한다고 생각하기에는 좀 꺼림칙한 면이 있었던 것이다. 그것이었다. 믿어지지 않는 것이 문제였다.

그날 갑자기 나에게 '기회'가 주어졌다. 다른 지체들이 보는 앞에서, 부활에 대해 막연한 믿음을 가지고 있던 그 청년에게 부활에 대해 변증해야만 하는 아주 부담스러운 시간이 나를 찾아온 것이다. 불과 한 시간 동안이었지만, 나는 부활에 대해 장광설을 늘어놓아야 했던 것이다. 그것은 나의 독백에 가까웠지만, 사실은 내가 목사로서 살아오면서 연구한 모든 지식과 '나름의 효과적인' 설명 방법을 총동원한 것이었다. 언젠가 그에게 부활을 비롯한 기독교에 관한 이야기를 증거하려고 준비하던 것이었다. 그

한 시간 동안, 함께 했던 모든 이들은 놀라운 집중력을 보여주었다. 내 설명이 끝나자, 그 청년의 대답이 돌아왔다.

"이제 됐습니다. 부활이 믿어져요. 저, 세례를 받아도 될 것 같습니다."

내가 살면서 기쁜 순간이 많았다. 하지만, 나에게 너무나 또렷이 강렬하게 기억되는 희열의 순간은 바로 그때였다. 그냥 감사하고 행복하고 뿌듯했다.

그 청년은 얼마 후 세례를 받았다. 찬양에 은사가 있는 그는 찬양팀을 섬기기 시작했다. 주일학교 교사로서도 열심히 섬겼다. 사회생활을 하는 방식에도 변화가 생겼다. 자신만의 생각으로 결정하던 독단적인 성격에서, 사람들에게 조언을 구하며 더 현명한 결정을 하려고 노력하는 스타일로 변했다. 교회의 선교 프로그램에 더 적극적으로 동참하게 되었으며, 청년들의 리더가 되었다. 무속인이던 할머니께서는 교회를 다니겠다고 약속했다. 교회에서 자매를 만나 귀한 가정도 이루게 되었다.

부활이 납득되고 믿어진 후, 그 청년은 더 확고하고 분명한 믿음을 소유하게 되었다고 분명히 말할 수 있다. 나도 이 청년이 한 경험을 옆에서 보면서, 교회는 다니지만 잘 믿어지지 않는 젊은 이들, 기독교에 대해 반감이 많았던 불신자들, 막연한 믿음조차 전혀 가지고 있지 않는 이들에게 어떻게 기독교 신앙의 핵심 내용을 납득시켜야 하는지에 대해 분명한 답을 얻게 되었다.

모두 동의하는
사실에서 출발하다

그 운명 같은 한 시간의 변증을 위해, 나는 수많은 강의를 듣고 책을 읽으며, 그동안 얻은 지식과 양육의 경험을 통해 터득한 설명의 방식을 조합하여 최선의 방법을 찾으려 애썼던 것 같다.

나의 변증 방법은 성경에서 부활의 증거를 찾는 것이 아니었다. 믿어지지 않는 사람과 내가 모두 동의하는 사실에서 출발하여 신앙의 내용을 증명해가는 방식이었다. 부활이라는 신앙의 내용을 변증하기 전에 이성과 상식으로 동의할 수 있는 중간지대를 설정하는 것이었다. 중간지대의 내용은 대략 이렇다.

"예수라는 인물이 1세기에 존재했고 그가 십자가에서 처형당했다. 예수를 따르던 보잘 것 없는 제자들에 의해 그 예수를 구세주로 믿는 신앙이 전파되었다. 그 신앙을 열정적으로 전하던 제자들은 죽임을 당하기 일쑤였다. 그 신앙은 로마 제국 안에서 300년 정도 극심한 박해를 받았는데, 대대적인 박해의 시작은 악명 높은 네로 황제(54-68년) 때부터였다. 그 신앙은 4세기에 로마에서 공인되었고 로마의 국교가 되었다. 로마가 멸망한 이후에도 기독교 신앙은 더욱 널리 전파되었으며, 세계 모든 민족에게 전파돼 세계적인 종교가 되었다."

나와 그 청년은 이 역사적 사실에 대해 우선 동의했다. 그리고 예수께서 죽으신 시점으로 돌아가 부활이 없었다고 가정하고 이야기를 진행했다. 예수께서 부활하시지 않았다면 제자들이 거짓 이야기를 만들어 예수님을 메시아로 포장했을 것이다. 그들은 교주나 영향력 있는 종교 지도자가 되기 위해 거짓말을 한 것이다. 그 거짓말을 따라 많은 추종자가 모였고, 그들은 인기와 권세를 누렸을 것이다.

문제는 이들에게 금세 생명의 위협이 되는 박해가 따라왔다는 것이다. 베드로와 바울은 네로의 박해 때 처형당했다. 그렇다면 그들이 거짓으로 만들어낸 기독교 신앙 때문에 죽음을 택했다는 것인데, 이것은 도저히 납득이 되지 않는다.

그들에게 세뇌당한 2세대와 3세대 성도들이야 거짓이라 해도 계속 믿었을 가능성이 있다. 하지만 자신들이 만들어낸 메시아, 부활하지도 못한 예수에 대한 거짓 믿음을 위해 1세대의 제자들이 목숨을 바쳤다는 것은 역시 납득되지 않는다. 그들에게 세뇌된 2세대라면 몰라도, 부활을 목격한 적이 없는 제자들이 자신들의 이익을 위해 거짓말을 만들어냈다면, 그 이익이 사라지는 순간 그들부터 믿음을 부인하고 목숨을 구걸했을 것이다.

또한 제자들 이후의 2,3세대 기독교인들은 어떻게 설명할 수 있는가? 기독교를 박해하는 로마에서 자신들이 삶에서 경험하지 못한 하나님을 위해 일생을 바치고, 계속된 순교에도 불구하고 예수의 제자들이 만들어낸 거짓말을 위해 300년의 박해를 이겨냈다는 것은 도저히 받아들이기 어렵다. 그 신앙을 로마인들이 전반적으로 받아들이게 되었다는 것은 정말 불가능하다. 거짓된 믿음에 근거한 사이비 종교가 창궐하여, 지역과 계층을 초월하여 제국의 종교가 되고 세계의 주요 종교가 되었다는 것은 정말 믿기 어렵다.

결론적으로, 예수께서 부활하시지 않았다면 기독교는 1세기를 넘기기 전에 소수의 미친 사람들이 추종하는 이단적 신앙으로 판명되었을 것이다. 예수께서 부활하시지 않았다면, 그가 약속한 성령께서 세상에 오셔서 로마에서 박해 받는 성도들을 돕지 않으셨다면, 기독교는 로마에서 선한 영향력을 발휘하는 신앙이 될 수 없었을 것이다. 당연히 공인될 수 없었고, 국교가 될 수 없었을 것이다.

1세기 사람들은 바보가 아니다. 로마 제국은 풍부한 철학적 사유가 있었고, 기술 발전의 측면에서 우리의 상상을 초월하는 진보를 이룬 문명이었다. 또한 지금이나 그때나 부활은 증거 없이는 보편적인 믿음에 도달할 수 없는 일이었다. 1세기 로마 제국에서 부활에 근거한 기독교가 박해를 이기고 존속했다는 자체가 기독교 신앙이 얼마나 분명한 역사적 사실 위에 세워졌는지를 증거한다.

그 청년은 이 모든 설명을 들은 후에 믿음에 이를 수 있게 되었다. 아니, 믿고 싶지만 믿어지지 않는 상태를 벗어나 확고한 믿음의 영역으로 나아갈 수 있었다.

믿고 싶지만 믿어지지 않는 이들에게

성경에 나오니 믿는다는 말은 참 좋다. 성령께서 믿음을 주셔서 믿어진다는 고백은 아름답다. 그러나 교회에 오래 다녀도, 아무리 믿으려 노력해봐도 믿어지지 않는 이들이 의외로 많은 것은 부인할 수 없는 사실이다. 기독교를 부인하며 초월적 신앙 자체를 거부하려는 이들에게는 어떤 설명도 별 소용이 없을 것이다. 신앙을 부인할 수 있는 논리도 얼마든지 탄탄하게 구성될 수 있기 때문이다.

하지만 공동체 생활을 사모하며, 막연하지만 신에 대한 믿음도 있고, 예수님을 믿고 싶어 교회에는 다니지만 뭔가 시원스레 믿어지지 않는 이들도 많다. 교회 안에 속해 있지만 믿어지지 않는다는 이들도 솔직히 많다. 그들에게 합당한 설명이 주어지고, 막연한 믿음 이전에 이성적으로도 분명히 납득되는 뭔가가 있다면 그들의 확신은 커질 것이다.

우리가 살고 있는 21세기는 무엇이든 의심하는 세상이다. 사실에 대한 동의와 종교에 대한 믿음에 접근하는 과정에도 비판적인 사고가 개입된다. 그래서 교회 안에도 의심과 비판적 사고에 익숙한 이들이 많다. 그들에게 납득될만한 설명이 필요하다. 그들이 납득할 만한 답을 찾는다면, 상황은 완전히 달라질 것이다.

아무리 교회를 오래 다녔더라도 신앙의 내용들이 분명히 납득되지 않으면 삶이 변화되고 주님의 나라를 위해 헌신하는 제자가 되기는 어렵다. 내 경험상, 믿음의 내용이 분명히 납득되지 않은 명목상의 기독교인은 쉽게 변질되고 주님의 나라를 위해 헌신하지 않으며, 자신도 하나님과의 관계 속에서 기쁨을 누리지 못하고, 작은 관계의 문제에도 신앙을 포기하며 교회를 떠나게 된다.

때로 교회는 믿어지지 않는 현상을 죄로 여겨 왔다. 하지만 예수님은 자신의 부활을 믿지 못하는 도마를 정죄하지 않으셨고 부활의 증거들을 몸소 보여주셨다.

우리는 이 시대에 적합한 방식으로, 믿어지지 않는 이들도 동의하는 사실들을 바탕으로 역사를 재구성하고, 우리의 소망이신 예수에 대해 납득할 만한 설명들을 제시해야 할 사명을 가지고 있다. 이 책이 다루는 짧은 내용이 예수를 믿고 싶지만 믿어지지 않는 이들에게 답이 되길 소망한다.

Contents

2부 오해하는 이에게

3부 이해되는 기독교

1부

의심하는 이에게

예수는 기독교의 창시자 아닌가요?

대학생 때 과외를 많이 했다. 그 중 기억 나는 한 제자가 있다. 그의 아버지는 내가 과외하러 갈 때마다 같은 자리에서 책을 읽고 계셨다. 나도 책에 관심이 있던 터라 무슨 책을 보시는지 힐끔힐끔 몰래 봤던 기억이 난다.

그분이 보시던 책은 다양한 종교를 넘나들었다. 논어, 맹자, 금강경 등 무게 있는 책들도 있었고, 가끔은 성경을 보고 계실 때도 있었다. 주로 잠언을 읽으셨던 것으로 기억한다. 참 신비한 분이라고 여겨졌다.

간혹 쉬는 시간에 간식을 먹으면서 이런 저런 이야기를 나눌 수 있었다. 내가 신학을 하기 전이었기에 편하게(?) 질문도 하곤 했다. 당연히 나는 왜 다양한 종교서적들을 읽으시느냐는 질문을 하게 되었다. 그분은 예수와 부처, 공자 등을

다 존경한다고 말씀하셨다. 성경, 논어, 금강경에서 모두 좋은 깨달음을 얻는다고도 하셨다. 그 책들이 말하는 원리는 다 서로 통하고, 깨달음을 얻고 참된 삶을 살기 위해 필요해서 읽는다는 것이었다.
지금 와서 생각해보면 참 좋은 분이셨는데, 그 책들의 피상적인 내용만 보신 것이 아닌가 싶다. 내용을 자세히 알고 비교하셨다면 예수가 매우 독특하다는 것을 깨닫지 않으셨을까? 그 당시에 나는 설명할 수 없는 상태여서 아쉽다. 지금 그분이 어떻게 살고 계실지 참 궁금하다.

예수와
종교의 창시자들을 비교하기

흔히 부처, 공자, 소크라테스와 더불어 예수를 4대 성인이라고 한다. 부처, 공자, 소크라테스는 예수께서 세상에 오시기 400~600년 이전의 비슷한 시기에 살던 사람들이고, 분명한 자신만의 철학 혹은 깨달음을 통해 많은 제자들이 생겼고, 정신사적으로 놀라운 업적을 남겼던 사람들이다. 위대한 사람들임에 틀림이 없다. 예수는 그들과 유사하게 종교 혹은 철학적 체계를 창시한 위대한 인간인가? 우리는 '예수는 기독교의 창시자인가'라는 질문을 검토하면서 답을 찾아보려 한다.

기독교는 2000년 전에 유대 땅에 살았던 예수라는 인물을 창조주 하나님께서 세상에 보내신 메시아, 즉 그리스도로 믿는 신앙 체계이다. 기독교는 여러 분파로 나뉘어 있지만, 예수를 기독교의 창시자라고 말할 수 있는가?

사람들은 부처가 불교의 창시자이며, 공자가 유교의 창시자이며, 소크라테스가 서양 철학의 시작이었듯, 당연히 예수가 기독교의 창시자라고 생각하는 것 같다. 십자가에서 죽으시고 부활하신 예수께서 기독교 신앙의 중심인 것은 맞다. 예수의 가르침을 통해 지금 기독교인들이 믿는 형태의 신앙이 확립된 것이다. 이런 면에서 예수를 기독교의 창시자라고 말할 수도 있을 것이다. 하지만 예수는 일반적인 의미에서 종교의 창시자는 아니다.

우리는 인생에 대한 특별한 깨달음과 체계적인 가르침을 남긴 부처(Buddha)를 불교(Buddhism)의 창시자라고 말할 수 있다. 그를 통해 불교의 가르침이 시작되었다. 비록 이전에 비슷한 사상을 주장한 사람들이 있었을지라도 그를 통해 전혀 새로운 체계가 정립되었고, 부처의 제자들이 그의 가르침을 전파하기 시작하여 불교라는 종교가 만들어졌기 때문이다.

인생과 세상의 원리에 대해 체계적인 가르침을 남긴 공자(confucius)를 유교(confucianiam)의 창시자라고 말할 수 있다. 그는 이전과 차원이 다른 인생과 세계에 대한 자신만의 원리체계를 정립했고, 그의 제자들을 통해 공자에게 기원을 둔 가르침이 전파되기 시작했기 때문이다. 그는 자신처럼 공부를 좋아하는 사람은 없다고 자신했다. 그가 세운 체계의 원천은 공부였고, 세상을 바라보며 얻은 스스로의 깨달음이었다. 그는 분명 창시자였다.

예수는 이미 있었던 여호와 신앙의 성취자다

예수의 경우는 전혀 다른 방식이 작동되었다.

첫째, 예수는 스스로가 하나님의 계획, 즉 구약의 선지자들이 기록한 예언을 성취한 이로 자신을 소개한다. 예수는 부처처럼 세상과 인생의 원리에 대한 자신만의 새로운 깨달음을 얻고 주장한 것이 아니다. 공자처럼 자신만의 인생과 세상의 원리에 대한 철학적 가르침을 정립하지도 않았다. 기독교가 믿는 예수는 자신이 하나님의 보내심을 받은 자라는 자기 인식을 가지고 있었고, 제자들에게 이 사실을 늘 강조했다. "*예수께서 또 이르시되 … 아버지께서 나를 보내신 것 같이*"(요 20:21). 이런 식의 주장은 불교, 유교 등 어느 종교에서도 찾아볼 수 없는 독특한 것이다. 예수는 이미 자신의 모든 가르침과 사역(이것을 기독교의 가르침이라 말할 수 있을지라도)이 자신을 세상에 보내신 하나님께서 계획하신 구원을 성취하는 것이라는 사실을 강조하였다. "*내가 하늘에서 내려온 것은 내 뜻을 행하려 함이 아니요 나를 보내신 이의 뜻을 행하려 함이니라*"(요 6:38).

둘째, 예수는 자신의 가르침을 따르는 새로운 종교를 만들어 자신의 추종자들을 만든 것이 아니라, 하나님의 뜻을 이루고 하나님을 믿게 하려 하셨다. "나를 믿는 자는 나를 믿는 것이 아니요 나를 보내신 이를 믿는 것이니라 나를 보는 자는 나를 보내신 이를 보는 것이니라"(요 12:44-45). 그리고 그들이 하나님께서 자신을 통해 이루실 나라를 소망하게 하셨다. 예수는 새로운 종교를 만든 것이 아니라 구약에 이미 예고되었던 하나님의 나라를 가르치셨다. "때가 찼고 하나님의 나라가 가까이 왔으니 회개하고 복음을 믿으라 하시더라"(막 1:15).

셋째, 예수의 제자들도 예수로부터 종교가 시작되었다고 가르치지 않았다. 그들은 자신들의 스승이었던 예수께서 하나님의 약속(구약성경의 내용)을 성취한 분임을 일관되게 전하고 있다. 유대인들이었던 예수의 제자들은 구약을 오해했던 조상들에 의해 잘못된 신앙이 예수 이후에 회복된 것으로 이해했다. 예수를 반대했다가 극적으로 사도가 된 바울도 구약성경을 인용해 죽으시고 부활하신 예수님을 전했고, 예수께서 성취하신 것이 구약에 약속된 하나님의 나라임을 증언했다. "바울이 아침부터 저녁까지 강론하여 하나님의 나라를 증언하고 모세의 율법과 선지자의 말을 가지고 예수에 대하여 권하더라"(행 28:23).

새로 시작된 것이 아니고 오해가 풀린 것이다

예수의 가르침은 새롭고 놀라운 주장이었다. 그러나 그 가르침이 놀라웠던 이유는 새로 만들어진 것이기 때문이 아니었다. 유대인 종교지도자들이 구약을 오해하고 있었기 때문이다. "예수께서 이 말씀을 마치시매 무리들이 그의 가르치심에 놀라니 이는 그 가르치시는 것이 권위 있는 자와 같고 그들의 서기관들과 같지 아니함일러라"(마 7:28-29).

예수께서는 자신을 보내신 분이신 하나님의 뜻을 전했다. "내가 아버지의 말씀을 그들에게 주었사오매…"(요 17:14a). 하나님의 사역을 대행하고, 하나님의 뜻을 따라 죽으셨다. "이르시되 아버지여 만일 아버지의 뜻이거든 이 잔을 내게서 옮기시옵소서 그러나 내 원대로 마시옵고 아버지의 원대로 되기를 원하나이다 하시니"(눅 22:42). 분명히 예수는 새로운 종교를 창시한 것이 아니다. 오히려 세상을 창조한 여호와라는 신을 믿는 종교를 신의 아들로 와서 드러낸 분이다.

유대 땅에 사셨던 청년 예수는 새로운 종교를 창시한 부처나 공자와 전혀 다른 분이다. 그러니 엄밀히 말해 그는 기독교의 창시자가 아니다. 이 땅에 이미 이루어지고 있었던 하나님의 나라를 성취하시기 위해 하나님께서 이 땅에 보내신 메시아, 곧 하나님의 아들이시다. 기독교 신앙의 특별함은 여기에 있다. 기독교는 세상을 창조하시고 이스라엘을 통해 자신을 계시하신 여호와 하나님의 계획이 예수를 통해 성취되었고 성령을 통해 인류에게 전파되었다고 주장한다. 이 주장은 예수가 얼마나 독특한 존재인지 드러낸다.

예수는 하나님이 보낸 메시아다

예수는 고상한 깨달음을 얻거나 사상 체계를 정리하여 종교를 창시한 한 위대한 인간이 아니라 하나님이 보내신 메시아다. 예수는 하나님의 계시(구약성경)를 통해 유대인들이 고대하던, 나아가 온 인류가 진정으로 기다리던 구세주, 즉 메시아인 것이다. 이것이 성경의 주장이다.

우리가 상식적으로 알다시피 유대인들은 메시아를 기다렸다. 세상을 구원할 인물이 올 것이라는 기대였다. 이른바 메시아 사상이다. 그들의 메시아 사상은 니체의 초인사상이나 각 나라와 민족 가운데 퍼져 있는 막연한 기대와는 다른 것이었다. 구약성경을 통해 형성된 분명한 믿음이었다.

예수의 제자들도 메시아를 찾고 있었다. "그가 먼저 자기의 형제 시몬을 찾아 말하되 우리가 메시아를 만났다 하고(메시아는 번역하면 그리스도라)"(요 1:41). 유대인들이 더럽게 여기던 땅 사마리아에 살던 한 여인도 동일한 믿음을 가지고 있었다. "여자가 이르되 메시아 곧 그리스도라 하는 이가 오실 줄을 내가 아노니 그가 오시면 모든 것을 우리에게 알려 주시리이다"(요 4:25).

그들이 가지고 있던 메시아 사상은 구약의 일관된 증거에서 나온 것이었다. 메시아 사상은 구약성경에서 다양한 예언으로 등장한다. 다니엘은 '기름 부음을 받은 자'에 대하여 예언했는데, 이것이 메시아(그 기름 부음을 받은 이)라는 용어의 어원이다. 예수께서 오신 1세기의 유대인들은 메시아에 대한 예언을 다 알고 있었고, 베들레헴에서 올 것이라는 예언도 믿고 있었다. "성경에 이르기를 그리스도는 다윗의 씨로 또 다윗이 살던 마을 베들레헴에서 나오리라 하지 아니하였느냐 하며"(요 7:42). 메시아가 다윗(의 아버지 이새)의 뿌리에서 올 것이라는 기대도 있었다. "이새의 줄기에서 한 싹이 나며 그 뿌리에서 한 가지가 나서 결실할 것이요"(사 11:1).

구약성경에는 이런 '예고'들이 너무 많아 다 열거하기 어려울 정도다. 중요한 것은 메시아를 통해 하나님의 나라가 성취될 것이라는 사실을 유대인뿐만 아니라 여러 이방인 개종자들도 믿고 있었다는 사실이다.

물론 1세기 유대인들과 이방인 개종자들은 메시아를 통해 성취될 하나님나라에 대해 각자 다른 개념을 가지고 있었다. 그들은 메시아 사상을 자신들의 내면에서 왜곡된 형태로, 이른바 각자 입맛에 맞게 이해하고 있던 것이었다. 예수님의 제자들조차 반복해서 예고되는 메시아의 죽음과 부활을 전혀 이해하지 못했다. "이는 제자들을 가르치시며 또 인자가 사람들의 손에 넘겨져 죽임을 당하고 죽은 지 삼 일만에 살아나리라는 것을 말씀하셨기 때문이더라 그러나 제자들은 이 말씀을 깨닫지 못하고 묻기도 두려워하더라"(막 9:31-32). 후에 예수의 제자들이 복음서에 이 대목을 기록할 때 매우 부끄러웠을 것이다.

유대인과 이방인 개종자들이 가지고 있던 메시아 개념과 스스로를 하나님이 보내신 메시아로 인식하는 예수님의 자기 이해는 공자와 부처와 소크라테스와는 전혀 다르다. 예수는 자신을 신의 아들, 이 세상의 유일한 신이 보낸 메시아로 인식하고 가르쳤다.

부활로 그가 메시아이며 신이라는 것이 증명되었다

그러면 어떻게 1세기 기독교인들은 예수를 메시아로 받아들일 수 있게 되었는가? 그리고 지성적으로 매우 발달한 문화였던 로마 제국 안에서 공인되고 국교가 될 수 있었는가?

1세기 그리스도인들은 예수의 가르침과 사역들을 보면서, 결정적으로 그의 죽으심과 부활을 통해 그가 메시아임을 받아들이게 되었다. 예수를 하나님과 동등한 신이자 메시아로 고백하게 된 것이다. *"그런즉 이스라엘 온 집은 확실히 알지니 너희가 십자가에 못 박은 이 예수를 하나님이 주와 그리스도가 되게 하셨느니라 하니라"*(행 2:36). 1세기의 그리스도인들은 예수를 하나님의 아들일 뿐만 아니라 하나님과 동등한 존재로 고백하게 되었다. *"태초에 말씀이 계시니라 이 말씀이 하나님과 함께 계셨으니 이 말씀은 곧 하나님이시니라"*(요 1:1).

부활을 통해 예수를 바로 그 메시아로 믿게 되면서, 유대인 제자들은 구약 성경을 통해 복음을 온전히 이해하게 되었다. 누가는 예수께서 부활하신 후에 그동안 가르치셨던 모든 것들을 다시 설명해주셨다고 기록하고 있다. 예수께서는 성경, 즉 구약성경이 모두 자신에 대한 것이라고 분명히 전했다. "또 이르시되 내가 너희와 함께 있을 때에 너희에게 말한 바 곧 모세의 율법과 선지자의 글과 시편에 나를 가리켜 기록된 모든 것이 이루어져야 하리라 한 말이 이것이라 하시고 이에 그들의 마음을 열어 성경을 깨닫게 하시고"(눅 24:44-45).

예수는 구약에 약속된 대로 오셨다. 그는 하나님의 통치 하에 온 인류가 누릴 초월적인 하나님의 복음을 말씀으로 가르치셨다. 그는 자신의 죽음과 부활로 복음을 성취하셨다. 정말 독특하지 않은가? 막연하게라도 하나님이라는 신을 믿는다면, 예수를 메시아로 믿는 기독교 신앙은 다른 종교들과는 확연히 다른, 신뢰할만한 것이라고 고백하지 않을 수 없다. 예수는 한 종교의 시작점에 있는 분이 아니다. 온 인류 역사의 정점에 계신 분이다.

메시아 예수의 죽음과 부활은 '온 인류를 창조하시고 다스리신다'고 기독교가 주장하는 여호와라는 신이 진정으로 존재하시며, 구약을 통해 약속하신 하나님나라의 도래가 분명한 실재가 될 것이라는 증거이며 약속이다. 종교를 창시한 한 불완전한 인간이 아니라, 온 인류의 진정한 메시아이신 예수를 믿고 회개하면 전혀 새로운 삶이 펼쳐진다. 이것이 하나님께서 예수를 통해 행하신 일이다. "그러므로 너희가 회개하고 돌이켜 너희 죄 없이 함을 받으라 이같이 하면 새롭게 되는 날이 주 앞으로부터 이를 것이요"(행 3:19). 기독교인들은 이것을 삶으로 직접 체험했다. 자신들이 새롭게 됨을 경험했다. 예수의 부활은 그가 주장한 모든 것이 진리임을 입증했다.

예수는 여러 종교들의 창시자와는 근본적으로 다른 분이다. 그는 하나님께서 유대인들의 역사를 통해 계시한 모든 일을 이루신 진정한 메시아다. 이것이 기독교인이 믿는 핵심 내용이다.

믿고 싶은 그대를 위해 ①

- 예수님은 기독교의 창시자가 아닙니다. 구약성경의 예언대로, 하나님나라를 성취하시려는 하나님의 약속과 계획을 이루시려고 이 땅에 사람으로 오신 하나님의 아들이십니다.

- 예수는 부활하심으로 세상을 구원할 메시아이며 신이라는 것이 증명되었습니다.

- 예수는 한 종교의 시작점이 아니라 온 인류 역사의 정점에 계신 분입니다.

기독교는 만들어진 종교 아닌가요?

대학생 시절 같은 교회에 다니던 한 어르신이 계셨다. 아내를 따라 교회를 나온 매너 있는 남자분이셨다. 열심히 신앙생활을 하던 아내와는 달리 정확히 선(?)을 지키는 분이었다. 주일 낮에 예배에 참석해서 점심을 먹고 집에 가는 생활을 꾸준히(!) 하셨던 것으로 기억한다. 어린 내가 봐도 믿는 것도 아니고 안 믿는 것도 아닌 상태였던 것 같다. 아내 때문에 교회를 나와 주는 것일 가능성이 높아 보였다.

그분과 대화를 하다가 그 이유를 알 수 있었다. 내가 어리니 본인이 생각한 것을 어느 정도 가르쳐 주려는 마음이 느껴질 정도였다. 그는 성경이 가르치는 대로의 기독교 신앙을 가지고 있지 않았다. 모든 종교가 비슷하며, 다 사람이 만든 것이라는 생각을 가지고 있었다. 그래도 종교는 필요한 부분이 있고 정신 수양에도 도움이 된다고 생각하고 있었다. 종교들 중에 아내도 믿고 익숙하며, 그래도 기독교가 좀 나아보이기에 교회에 나온다는 식으로 이야기했다.

지금 생각해보면 그분은 자신의 판단을 매우 신뢰하고 있었던 것 같다. 종교가 만들어졌다고 전제하고, 자신의 판단 안에서 모든 것을 결론짓고 있었다. 교회 나와서 강론을 들으며 좋은 말씀이면 듣고, 아닌 것 같으면 '저건 아닌데…' 하면 되었다.

그분은 자신이 가장 합리적으로 종교생활을 한다고 믿었을 것이다. 그런데 안타깝게도 나중에 가정이 깨졌고 삶이 파탄에 이르렀다는 것을 듣게 되었다. 본인이 신뢰하는 자신의 판단으로 왜 더 나은 삶을 살지 못했을까 하는 아쉬운 생각이 들었다. 그의 삶을 보면 자신의 판단을 신뢰하는 것이 가장 좋지 않은 판단이었던 것 같다. 모든 종교는 인간에 의해 만들어진 것이라는 그의 판단을 스스로 부정했다면 더 나은 삶의 결과가 오지 않았을까?

로마 제국에 의해 '만들어진 종교'라는 의심이 해소되었다

AD 64년, 당시 세계 제일의 도시 로마에 큰 화재가 났다. 로마는 인구 밀도가 매우 높았고 건물들이 밀집해 있었기 때문에 큰 피해가 날 수밖에 없었다고 한다. 민심이 흉흉했다. 정치인 네로는 민심을 수습하기 위해 기독교인들이 로마에 이단 종교를 퍼트려 로마의 신들이 분노해서 화재가 났다는 논리를 만들어냈다. 기독교인들을 무참히 불에 태워 죽인 역사적인 박해는 이렇게 시작되었다.

터키의 유명한 관광지 갑바도기아 지역은 지하도시로 유명한데, 1세기 후반 로마의 기독교 박해를 피해 이주한 기독교인들이 몰래 숨어 살기 위해 만든 주거지였다고 한다. 이렇게 큰 박해가 로마 제국 안에서 매우 오랫동안 지속되었다. 기독교인들은 로마의 정치인들이 자신들의 목적을 이루기 위해 이용할 수 있는 만만한 상대였던 것이다.

기독교 신앙을 받아들이지 않았고 잘 알지도 못하던 로마 사람들은 기독교를 십자가에 처형된 한 선각자의 후예들이 그를 신격화하여 만들어낸 종교라고 생각했다. 기독교를 유대교와 구별하지도 못했다. 적어도 1세기 후반까지 그랬다. 그러한 분위기는 250년 후에 완전히 바뀌어, 또 다른 정치인 콘스탄티누스 황제가 로마에서 기독교를 공인하기에 이르렀고, 4세기 후반 데오도시우스 황제는 아예 기독교를 로마의 국교로 선포했다. 국교(國敎)가 뭔가? 모든 로마인은 태어나자마자 세례를 받고 기독교인이 되는 것이다. 한국인은 한 번도 경험해보지 못한 국가 형태다.

일반적으로 정치인은 사람들의 마음을 사로잡는 뛰어난 감각을 가진 이들이다. 4세기 로마에서는 기독교를 공인해주어야 하는 사회적 분위기가 있었고, 그것이 콘스탄티누스 황제 자신에게 유리한 정치적 결정이었다. 4세기 후반에는 로마 황제에 의해 기독교 이외의 종교는 불법으로 규정되었고, 로마 황제가 옹호하는 정식 기독교가 아니면 이단도 불법으로 취급받았다. 왜였을까? 대부분의 로마인이 기독교 신앙을 가지게 되었기 때문이다.

우리가 잘 알다시피 서로마제국을 멸망시킨 이방인들은 자신들이 정복한 로마의 종교인 기독교를 받아들이기를 소망했고, 로마는 망했지만 기독교는 계속 흥왕했다.

기독교가 예수의 제자들에 의해 만들어진 종교라는 1세기의 생각은 로마인들에 의해 거부되었다. 기독교는 로마의 철저한 검증을 거쳐 유일하고 진정한 신앙으로 받아들여진 것이다.

기독교에 대한 의심이 다시 일어나다

1세기 로마에서 있었던 일, 즉 기독교가 만들어진 종교라고 의심하는 일이 17세기 이후에 서서히 시작되어 20세기 후반에 다시 일어나게 되었다. 그 과정은 대략 이렇다.

데카르트 이후 이성을 기반으로 하는 철학이 본격화되었고 과학의 시대가 열렸다. 시간이 지나면서 모든 것을 판단하는 기준은 인간의 이성과 과학 법칙으로 수렴되었고, 기독교 신앙에 대해 근본적인 의심이 제기되기 시작했다.

이성의 사유가 발달하고 과학을 통해 기술이 발전하게 된 것은 하나님께서 인간에게 주신 지혜가 꽃을 피우게 된 긍정적인 일이다. 하지만 사유하는 인간을 절대적 판단자의 위치에 올려놓은 이후, 인간의 이성과 과학에 기초하여 성경과 기독교 신앙을 판단하면서부터 인류의 큰 비극이 시작되었다. 이런 흐름은 20세기에 이르러 예수의 정체성까지 이성의 사유를 통해 결정하는 상황에 이르게 되었다. 예수는 그저 한 인간일 뿐이며, 기독교 신앙은 몇 사람, 특히 바울에 의해 만들어진 종교라는 이론들이 힘을 얻게 되었다. 이런 주장들을 간단히 정리하면 다음과 같다.

"예수는 인류에게 위대한 가르침을 주었을 뿐 아니라 세상의 종말을 예고한 위대한 선지자다. 물론 그는 인간에 불과하다. 예수의 제자들과 그를 추종하는 세력에 의해 교회가 생겼다. 교회는 자신들의 신앙을 뒷받침하기 위해 좀 더 위대한 예수의 이야기가 필요했다. 제자들은 예수를 신으로 높이기 위해 동정녀 탄생, 여러 초자연적인 이적들, 예수의 부활과 승천 같은 이야기들을 만들어냈고, 예수가 하나님의 아들이라는 메시지를 그의 입에 넣어 그의 가르침들을 수정했다. 제자들은 그렇게 복음서를 만들어냈다. 한편 이방인 교회의 수장이던 바울은 이방인들의 사고와 철학에 맞게 예수의 이야기를 각색하여, 헬라인들의 철학 체계에 따라 예수의 죽음을 통해 죄를 용서받아 사후에 참된 영생을 누린다는 기독교를 만들었다. 이렇게 만들어진 기독교가 황제 콘스탄티누스에 의해 로마에서 공인되고, 로마의 권력을 등에 업고 유럽 전체의 종교가 되었으며, 마치 유일한 진리인 것처럼 중세 사람들을 지배하게 되었다. 기독교는 결국 만들어진 종교 중 하나일 뿐이다. 그러한 종교의 껍데기를 벗겨내야 한다. 예수의 윤리적 가르침과 삶이 인류에게 유일한 교훈일 뿐이다."

기독교가 만들어진 종교라면
유대인에 의해 배척되었을 것이다

기독교가 사람들에 의해 만들어진 하나의 사상이나 거짓 종교였다면, 먼저 제자들 자신이 신봉하던 유대교를 스스로 떠나게 만들 수 없었을 것이다. 심지어 그들 대부분이 자신들이 만든 신앙에 목숨을 바쳤다는 것은 납득하기 어렵다.

예수의 제자들이 순교의 죽음을 당했다는 것은 잘 알려진 역사적 사실이다. 기독교 신앙이 만들어진 종교였다면 초기 유대인 기독교인들에 의해 배척되었을 것이다. 그러나 우리가 알다시피 많은 유대인들과 이방인들이 예수의 부활 이후에 기독교로 개종했다. 심지어 제사장들까지도 유대교를 버리고 개종했다고 전해진다. "하나님의 말씀이 점점 왕성하여 예루살렘에 있는 제자의 수가 더 심히 많아지고 허다한 제사장의 무리도 이 도에 복종하니라"(행 6:7).

예수의 제자들은 철저히 유대인들이었으며 그들의 친척과 주변 사람들도 유대인들이었으니, 그들이 강력한 종교 공동체인 유대공동체를 떠나는 일은 죽음을 각오해야 가능한 일이다. 지금의 이슬람 교도들을 보면 된다. 그들은 개종이 거의 불가능하다. 개종한다는 것은 가족도 나라도, 때로는 생명도 포기하는 일이기 때문이다. 예수의 제자들은 유대교의 메시아 사상에 갇혀 끝까지 예수의 죽으심과 부활의 예언을 믿지 못했다. "이는 제자들을 가르치시며 또 인자가 사람들의 손에 넘겨져 죽임을 당하고 죽은 지 삼 일만에 살아나리라는 것을 말씀하셨기 때문이더라 그러나 제자들은 이 말씀을 깨닫지 못하고 묻기도 두려워하더라"(막 9:31-32). 유대인들이 얼마나 예수를 받아들이기 어려웠는지 제자들을 통해 알 수 있다.

복음서에서 저자들이 밝히기 부끄러운 사실은 아마도 제자들이 예수님을 배신했던 일일 것이다. 네 복음서 모두가 제자들의 배신을 명백하게 밝히고 있다. 제자들은 예수께서 십자가에서 죽으시는 과정에서 모두 예수를 배반하고 떠났다. "베드로가 모든 사람 앞에서 부인하여 이르되 나는 네가 무슨 말을 하는지 알지 못하겠노라 하며"(마 26:70). 심지어 예수의 빈 무덤을 보고도, 예수의 부활한 후의 모습을 보고도 믿지 못했다. "열한 제자가 갈릴리에 가서 예수께서 지시하신 산에 이르러 예수를 뵈옵고 경배하나 아직도 의심하는 사람들이 있더라"(마 28:16-17). 그들이 기독교를 만들려고 복음서를 썼다면 이런 이야기는 넣지 않았을 것이다.

이로 보아, 기독교 신앙은 유대인들에 의해 철저히 검증을 받은 것이다. 예수의 가르침과 그분의 생애에서 거둔 수많은 성취들, 그리고 결정적으로 예수님의 부활은 구약성경을 기초로 하여 유대인 기독교인들이 예수가 메시아라는 확신에 도달하지 않을 수 없게 만들었다. 거기에다 예수의 승천 이후 성령 체험이라는 특별한 변화를 경험하게 된다. 그들이 유대교 공동체를 과감하게 떠나 기독교 신앙을 받아들인 것은 단순히 예수님이 메시아이고 구약이 성취되었다는 신념 체계를 넘어 그들이 체험한 놀라운 변화들 때문이었다고 보아야 한다. 그들은 예수를 통해 성취된 복음의 지적 체계와 더불어 그 복음이 실제적으로 자신과 세상을 변화시키는 놀라운 능력을 경험했다. 그 복음, 즉 기독교 신앙을 증거하는 것이 자신의 목숨까지 바칠만한 평생의 사명이라고 믿게 되었다. 이렇게 설명하지 않으면 그들의 순교도, 박해를 이겨내면서 이후 기독교인들이 신앙을 지킨 이유도 납득되지 않는다.

기독교가 만들어진 종교라면 바울의 개종도 전혀 이해되지 않는다

우리는 여기서 바울이라는 인물도 살펴볼 필요가 있다. 기독교가 예수님의 제자들에 의해 만들어진 종교라고 가정한다면, 바울이 기독교 신앙을 받아들이게 된 것은 정말 이해가 불가하다. 바울은 바리새인이었고 높은 학식과 큰 권력을 가진 사람이었으며, 로마 시민권까지 있었던 특권층 유대인이었다. 그런데 그가 기독교인이 되었다. 기독교인이 되었을 뿐 아니라 세계에 선교하며 수많은 선교 편지들을 남겼다. 그 편지들은 신약성경의 일부가 되었다. 그의 서신들이 AD 50년 경에 기록되기 시작되었으니, 그가 기록한 내용이 거짓이었으면 바울이 살아 있는 시기에 이미 유대인 사회에서 사기꾼이 되었을 것이다.

바울은 기독교인을 심하게 핍박했던 사람이다. "내가 이전에 유대교에 있을 때에 행한 일을 너희가 들었거니와 하나님의 교회를 심히 박해하여 멸하고 내가 내 동족 중 여러 연갑자보다 유대교를 지나치게 믿어 내 조상의 전통에 대하여 더욱 열심이 있었으나"(갈 1:13-14). 그런 바울이 신약 13권의 저자가 되었다. 그가 기독교인이 되는 과정에서 얼마나 많은 것을 잃어버렸을지 조금만 생각해보아도 알 수 있다. 예수의 제자들이 기독교를 만들었다면, 바울이 왜 자신의 모든 것을 버리고 선교사가 되었는지 설명이 안 된다. 예수의 제자도 아니었던 최고의 지성인 바울이 부활한 예수를 만나지 못하고, 자신이 연구했던 구약과 율법을 성취한 예수를 믿는 기독교 신앙에 대해 납득하고 경험할 수 없었다면, 스스로 제자들이 만든 종교에 빠져 수많은 박해를 자초했다는 것은 도저히 믿을 수 없는 이야기다.

그는 종교 사기로 부(富)를 거머쥔 이단교주가 아니다. 무엇 때문에 최고의 랍비 권력을 버리고 고난의 길로 스스로 들어갔을까? "유대인들에게 사십에서 하나 감한 매를 다섯 번 맞았으며 세 번 태장으로 맞고 한 번 돌로 맞고 세 번 파선하고 일 주야를 깊은 바다에서 지냈으며 여러 번 여행하면서 강의 위험과 강도의 위험과 동족의 위험과 이방인의 위험과 시내의 위험과 광야의 위험과 바다의 위험과 거짓 형제 중의 위험을 당하고 또 수고하며 애쓰고 여러 번 자지 못하고 주리며 목마르고 여러 번 굶고 춥고 헐벗었노라"(고후 11:24-27). 성경의 설명대로, 그가 모든 것을 포기해도 아깝지 않을 기독교 신앙의 진리를 지성으로 깨닫고 삶으로 경험했다고 보는 것이 가장 타당하다.

바울은 분명히 부활하신 예수님을 만났다고 여러 차례 간증했다(행 9:1-9, 행 22,26장 참고). 그는 자신이 복음을 전달받았다고 말한다. "내가 받은 것을 먼저 너희에게 전하였노니 이는 성경대로 그리스도께서 우리 죄를 위하여 죽으시고"(고전 15:3). 바울은 이미 제자들에 의해 전해지던 복음을 전달 받은 것이다. 그가 부활한 예수님을 만나고, 기독교 신앙의 놀라운 체험을 하고, 그의 지성으로 완벽하게 납득이 되지 않았다면, 그의 개종은 설명할 수 없다.

따라서 몇 사람의 제자들에 의해 기독교 신앙이 만들어졌다는 주장은 예수의 제자들이나 바울이 모두 미쳤다면 가능할 법한 시나리오다. 그것을 만든 자신들에게 매우 큰 손해를 입히는 일이며, 동족들의 반대에 부딪히게 될 것이기 때문이다. 특히 예수의 직계 제자가 아닌 바울에게는 정말 미친 짓이다. 바울은 기독교인이 되어 자신의 유대인으로서의 특권도 다 잃게 되었다. 예수의 제자도 아닌데다 기독교인들을 핍박도 했었기 때문에 개종은 대단히 불리한 일이었다. 기독교가 만들어진 종교라면, 모든 것을 잃어버리고 온 세상에 복음을 전해 교회를 세운 바울의 헌신은 불가능하다.

바울이 예수가 신의 아들이라는 믿음을 로마 제국 안에 퍼트린 것이라면, 로마의 황제들처럼 권력을 가지고 자신을 신격화했던 시도보다 먼저 사그라들었을 것이다. 하지만 로마의 황제 숭배는 사그라들었어도 예수의 복음은 활활 타올랐다. 기독교 신앙은 그 누구에 의해 만들어진 신앙이 아니다. 하나님의 계시로 인해 생긴 유일하고 참된 신앙이라고 보는 것이 타당하다.

기독교는 로마 제국에 의해 검증된 신앙이다

기독교 신앙이 만들어진 신앙이며, 놀라운 영적 체험들이 주어지지 않았다면, 당장 그 당시 로마 사람들에게 제일 먼저 의심을 받았을 것이다. 당연히 로마 제국 안에서 그 적대감이 사라지지 않았을 것이고, 사이비 종교로 박해받아 없어졌을 것이다. 기독교 신앙은 말 그대로 로마 제국에 의해 검증된 신앙이었다.

로마 제국은 철학적 지성과 막강한 군사력과 발전된 기술 등 어느 면에서도 타의 추종을 불허하는 국가였다. 또한 그리스의 문화와 철학을 매우 높이 여기고, 그리스 신화를 차용하여 정신적 교양으로 삼았던 나라다. 그런 로마 제국이 자신들의 모든 정신적 유산들을 버리고 기독교 신앙을 택하여 로마 제국 전체의 유일한 신앙으로 삼았다는 부인할 수 없는 사실은 우리에게 무엇을 말하는가? 기독교 신앙에 그리스 철학과 로마의 위대한 문명에 대항하여 승리할 수 있는 놀라운 지성적 체계와 종교적 체험과 사회적 미덕이 있었다는 것이다.

만들어졌다가 사라진 종교들을 보라. 또한 종교의 이름만 있고 사실은 철학이나 하나의 원리쯤으로 이해되는 많은 종교들을 보라. 지성적 체계와 종교적 체험과 사회적 미덕을 동시에 갖추지 않으면, 자신들의 민족을 벗어나기 어렵고 지속되기 어렵다.

기독교 신앙은 로마 제국의 사상과 가치에 정면으로 도전하는 전혀 새로운 지성적 체계를 가지고 있었다. 다신교적 종교관을 가지고 있던 로마에서 기독교 신앙은 유일신을 주장한다. 그냥 유일신이 아니라 작은 식민지 유대 민족의 신이 세상의 유일한 신이라고 믿는다. 게다가 자신들이 보낸 총독 빌라도가 재판하여 죽인 예수가 유일한 하나님의 아들이라는 것과, 그가 동정녀 몸에서 탄생하였고, 이적을 일으켰고, 부활하고 승천했다는 사실에 대해 가르쳤다. 그것들이 사실이 아니라면 로마 제국에서 받아들여질 수 없었다. 아니 사실이라도 처음에는 받아들일 수 없었을 것이다. 기독교 신앙은 그 종교적 체험과 사회적 미덕으로 로마를 정복해 들어갔고, 그 결과, 로마인들이 도저히 받아들일 수 없었던 기독교의 지식 체계가 받아들여졌다.

기독교 신앙은 유대인과 로마인(헬라인)의 검증을 거쳐 공인되었다

초기 기독교인들은 자신들이 도저히 믿을 수 없는 것을 믿게 되었다. 부유한 로마인들은 로마가 자신들에게 진정한 소망이 될 것이라는 생각을 수정하여 예수을 받아들였다. 로마 제국 안의 헬라인들은 자신들의 철학과 지혜가 진정한 인생의 답을 가져다 줄 것이라고 믿지 않고 기독교 신앙을 받아들였다. 유대인들은 구약성경에 약속된 메시아가 자신들의 지도자로 와서 민족의 해방을 이룰 것이라는 믿음을 근본적으로 수정하여, 수많은 박해와 무시 속에서도 십자가에 달려 죽은 예수를 메시아로 믿게 되었다. *"유대인은 표적을 구하고 헬라인은 지혜를 찾으나 우리는 십자가에 못 박힌 그리스도를 전하니 유대인에게는 거리끼는 것이요 이방인에게는 미련한 것이로되"*(고전 1:22-23).

유대인 기독교인들과 로마인 기독교인들은 단순히 역사적 사실을 믿은 것이 아니라, 분명한 영적 변화와 예수님께서 약속한 하나님나라의 도래를 보았다. 교회 안에서 로마의 귀족과 노예가 형제가 될 수 있음을 확인했다. 그들은 건강한 가정 안에서 행복을 누릴 수 있었다. 욕망이 가득한 로마 안에서 기꺼이 이웃을 사랑하며, 자신이 체험한 복음을 목숨을 걸고 전할 수 있었다. 때로는 시련과 아픔이 많은 인생을 살아가면서도 변하지 않는 평안과 기쁨을 누렸다. 기독교가 누군가에 의해 만들어진 종교이며 하나님의 놀라운 능력에 의해 나타나는 변화가 없는 종교였다면, 기독교는 1세기 로마에서 소수 맹신자들이 따르는 이단 종파로 끝나고 말았을 것이다. 무엇이 이러한 신앙을 만들어냈다고 보는가? 몇 사람의 날조와 조작이? 몇 사람의 정신적 이상으로 말미암은 체험이? 답은 너무나 자명하다.

기독교 신앙은 진리다. 예수님에 대한 모든 이야기는 분명한 역사적 실재이다. 예수님의 제자들이 체험했던 모든 기적들과 예수님의 제자들이 약속한 회복이 실제로 역사 속에 일어났다.

기독교 신앙 안에는 인생을 변화시키고, 가정을 회복시키며, 공동체를 회복시키고, 국가와 세계를 변화시키는 실재가 있다. 그렇기 때문에 철저하게 무시되고 핍박 받았던 기독교 신앙이 유대인과 헬라와 로마인에 의해 받아들여진 것이다.

믿고 싶은 그대를 위해 ②

- 유대인이 유대교를 버리고 기독교를 만들어낸 것이라면, 그들 대부분이 어떻게 자신들이 만든 신앙을 위해 목숨을 바칠 수 있었을까요? 기독교 신앙은 놀랍게도 유대인에 의해 검증받은 것입니다.

- 기독교가 만들어진 종교라면, 모든 것을 잃어버리고 온 세상에 복음을 전해 교회를 세운 바울과 제자들의 헌신은 불가능했겠지요.

- 로마 제국의 사상과 가치에 정면으로 도전하는 전혀 새로운 지성적 체계, 즉 유일신 사상과 예수가 하나님의 아들로서 오셔서 죽으시고 부활하신 것이 사실이 아니라면 로마 제국에서 받아들여질 수 없었습니다. 기독교 신앙은 로마 제국에 의해서도 검증된 것입니다.

세 번째 이야기

성경은 날조된 것 아닌가요?

지금까지 수천 명의 청년들과 소통하며 사역해왔다. 그들 중 상당수에게 예배 외에 성경을 가르쳤다. 성경을 가르칠 때마다 확인했던 것이 있다. 과연 그들이 성경에 대해 어떤 생각을 가지고 있을까에 관한 것이다.

특별히 충격적인 답을 했던 제자들이 몇 명 떠오른다. 정말 예의 바르고, 하나님께 신실하고, 학업에도 충실하며, 교회에도 열심히 나오는 한 청년에게 성경이 어떤 책이라고 생각하느냐고 물었다. 내가 기대했던 답은 "성령의 영감을 받아 기록된 100% 하나님 말씀입니다." 뭐 이런 것이었다. 그러나 그 신실한 청년은 전혀 뜻밖의 답변을 했고, 나는 그때부터 이 세상에서 벌어지고 있는 일들에 대해 직시하게 되었다. 그 청년의 답변은 이랬다.

"나는 성경이 하나님의 말씀을 담고 있지만 성경에도 오류가 있다고 생각합니다."

다른 친구들이 그 답변을 했으면 충격이 덜 했을 텐데…. 나는 그때부터 이 시대가 합리적인 의심이라는 명목 하에 성경의 권위에 대해서도 거침없는 도발을 하고 있다는 사실을 알게 되었다.

성경을 믿기 힘든 두 가지 근거

18세기 계몽주의 철학자 볼테르는 100년이 지나면 이 지구상에 성경은 단 한 권도 남아 있지 않고 기독교는 영원히 사라질 것이라고 공언했다. 볼테르 같은 무신론자가 아니더라도, 일부이지만 성경은 많은 부분에 오류가 있는 날조된 이야기들을 담고 있다는 주장을 하는 신학자들까지 찾아볼 수 있다.

성경의 내용을 신뢰할 수 없다는 주장은 대체로 두 가지 근거에서 출발했다고 볼 수 있다. 하나는 성경에 나오는 기적 이야기들이 날조되었다는 것이며, 다른 하나는 성경 자체에도 같은 사건에 대해 모순적인 기록이 있다는 것이다.

신학자들은 물론이고 현대 기독교인들은 성경의 내용에 대해 점점 더 자세히 많은 것을 알게 되었다. 그러면서 성경 자체에서 모순적으로 보이는 기록들이 있다는 것을 알게 되었고, 심지어는 고대 근동의 신화들과 유사해 보이는 내용도 있다는 것을 알게 되었다. 대표적으로 수메르인들의 신화 길가메시 서사시에 포함된 우트나피쉬팀과 성경의 노아라는 두 인물이 비슷해 보인다.

기적 이야기들은 당연히 성경 믿기를 거부하는 주된 논거다. 성경에 기록된 기적이 실제로 일어나지 않았을 것이라는 추론은 계속 존재해왔을 것이다. 아무래도 많은 현상들이 과학적으로 입증되는 이 시대에, 성경 속의 기적 이야기들은 성경이 믿기 어려운 책이라는 주장에 더욱 큰 논거가 되고 있다.

누군가 성경을 믿는다고 말하면 말도 안 되는 거짓말을 믿는 비상식적 인간이라는 비난을 받기 쉽다. 얼핏 보기에 동정녀에게서 예수가 탄생했고 죽었다가 부활하여 신으로 고백되었다는 이야기를 믿는 것은, 제우스 신과 인간 알크메네의 아들로 태어나 세상을 구하기 위해 온갖 괴물들을 무찌르고 이른바 열두 과업을 마친 후 죽어서 신이 되었다는, 그리스 신화의 영웅 헤라클레스의 이야기를 역사적 사실로 믿는 것과 같은 넌센스로 받아들여진다.

믿는다는 것은
자신의 전제를 믿는 것이다

성경은 하나님과 예수(와 그의 제자들)께서 행하신 많은 기적들을 기록하고 있다. 홍해가 갈라졌다든지 여리고성이 무너졌다든지, 예수께서 물 위를 걸으셨거나 죽은 나사로를 살리셨다든지 하는 사건들은 현대인이건 고대인이건 믿기 어려운 일이다. 그럼에도 성경은 그 사건들을 분명한 역사적 사실로 기록하고 있다. 그 기적을 믿는다는 것은 어떤 의미인가?

오늘 동해안에서 누군가가 서핑 보드도 없이 파도를 타고 걸어 다녔다고 해보자. 누가 믿을 수 있겠는가? 기독교인도 믿지 않을 것이다. 하지만 성경에 나오는 기적을 믿는다는 것은 허무맹랑한 일을 무턱대고 믿는 것이 아니다. 성경에 나오는 기적을 믿는 사람들을 동해안에서 누군가가 파도를 타고 걸어 다녔다는 이야기를 믿는 사람과 같은 부류로 여길 수 없다. 성경에 나오는 기적을 믿는 사람과 믿지 않는 사람의 차이는 이런 것이다. 전자는 하나님께서 이 세상을 창조하셨고 지금도 다스리고 계시기 때문에 (비록 기적이라는 것이 상식선에서 믿기 어려운 일이라는 것이 사실임에도) 이 세상을 구원하려는 자신의 뜻을 이루시기 위해 자연법칙들을 초월하여 기적을 일으키신다고 믿는 것이다.

후자는 이 세상이 자연법칙에 따라 돌아가고 있으며 자연법칙에 위배되는 일들은 절대로 일어날 수 없다고 믿는 부류이다. 두 부류는 대화가 되지 않을 것이다. 왜냐하면 서로 다른 전제를 가지고 있기 때문이다. 전자는 성경에서 증거하는 전지전능한 하나님을 믿는다. 그분은 자신이 창조하신 자연법칙을 깨트리면서까지 기적을 일으키실 수 있으며, 때로는 그 기적들을 통해 보이지 않는 자신의 존재를 드러내신다고 믿는다. 후자는 그런 신이 존재하지 않으며, 존재한다고 해도 자연법칙을 깨트리는 기적은 믿을 수 없다는 자신의 생각을 믿는 것이다.

성경이 말하는 기적을 믿는 사람들과 믿지 않는 사람들에게는 공통점이 있다. 이 두 부류는 모두 과학이 밝혀내는 자연법칙을 신뢰한다. 즉, 누군가가 동해안에서 파도를 타고 걸어다녔다고 하면 절대 믿지 않는다. 기적을 믿는 사람들은 과학이나 이성적 사고를 신뢰하지 않는다고 여겨지는데, 전혀 사실이 아니다. 이들은 성경이 증거하는 하나님을 믿을 만한 확실한 증거를 납득했거나 체험했기에 그 신이 자연법칙 위에 존재하신다고 믿으며, 특별한 경우에 한해 기적을 일으키신다는 것을 믿는 것이다. 기적을 믿지 않는 사람들은 과학이나 이성적 사고를 신뢰하는 것이 아니라, 그것을 초월하는 신이 존재하지 않는다거나, 존재한다고 하더라도 자신의 뜻을 위하여 기적을 일으키지는 않는다는 자신의 신념을 믿는 것이다. 이 두 부류는 모두 자신의 전제, 혹은 믿음에 따라 생각하는 것이다.

신을 믿는다면, 그 전제를 따라 기적을 믿는 것이 합리적이다

우리 중에 성경 시대를 살면서 성경에 기록된 사건을 직접 경험한 사람은 아무도 없다. 이 일들이 실제로 일어났는지 확인할 방법이 없는 것이다. 그렇기 때문에 두 부류 사람들의 주장은 언제나 평행선을 달린다. 모두 자신의 믿음을 믿고 있는 것이기 때문이다. 우리가 생각해봐야 할 것은 두 부류의 전제에 관한 것이다. 두 부류의 사람들은 자신들의 이성으로 얼마든지 자신들의 전제를 입증할 수 있는 증거를 찾을 수 있다. 따라서 그 전제들이 옳다는 증거들을 찾아 검증하는 일은 참 어렵다.

우리는 결국 어느 부류의 전제가 더 신뢰할 만한가를 따져볼 수밖에 없다. 물론 세상 사람들을 모두 두 부류로 나누는 것은 너무 단순화하는 것이다. 세상에는 철저한 무신론과 맹목적 유신론 사이에 대단히 많은 부류의 타협적인 전제들이 존재한다. 그러나 여기에서는 철저한 유신론과 철저한 무신론으로 나눌 수밖에 없다. 검증의 편의를 위해서 말이다. 일단 두 부류로 나누고 각각의 전제를 검토해보자.

'이 세상은 창조의 신에 의해 생겨났는가, 아니면 우연히 존재하게 되었는가? 인간이 가진 영적 특성은 신이 부여한 것인가? 아니면 자연적으로 발생한 것인가? 인간이 (동물들과는 다르게) 삶의 의미와 목적을 찾는 이유는 내재적이고 선천적인 것인가, 아니면 종교나 사회 시스템에 의해 교육된 결과인가?'

이러한 질문에 답을 하기 위해 우리가 창조 이전의 시점으로 돌아가 확인해볼 수 없다. 이 질문들에 대한 답은 인간의 전제에 달려 있다. 인간은 자신이 믿는 전제에 따라 이론을 만들고 증거들을 덧붙이게 된다. 따라서 다른 전제를 가지고 있는 사람들에게는 그 증거들이 무의미하다는 것을 인정해야 한다. 세상이 창조되었다는 것은 과학적으로 증명되지 않는다. 과학적 증거들을 제시해도 전제가 다른 이들은 믿지 않을 것이다. 반대로 세상이 우연히 만들어졌다는 것도 과학적으로 증명되지 않는다. 무슨 증거들을 제시해도 전제가 다른 이들은 믿지 않을 것이다. 결국 모든 것은 전제, 즉 믿음의 문제다.

그렇다면 두 전제를 따져 무엇을 믿을지 진지하게 생각해보자. 물론 황당무계해 보이는 이적 이야기들을 갑자기 믿으라는 것이 힘겨운 요구인 것은 인정한다. 하지만 신이 없다면 세상과 인간에 대해 설명되지 않는 것이 너무나 많다. 위의 질문들에서 유신론의 전제를 따르지 않기는 사실 어렵다. 유신론을 입증하기보다 무신론을 입증하기가 더 어려울 것이다. 또한 현실적으로 무신론은 인생의 의미를 설명해줄 수 없다.

우리가 만약 세상을 창조한 전지전능한 신이 존재한다는 유신론의 전제를 따르게 된다면 성경의 기적 이야기들은 결코 믿을 수 없는 황당한 이야기가 아니다. 분명한 목적을 가지고 세상을 창조했고 인간에게 하나님의 형상을 심어 놓은 신이 있다면, 그 신이 자신이 만든 과학 법칙을 넘어서서 자신의 존재를 증명하고 이 땅에 기적을 이루는 것이 불가능한 일일까? 그러한 신은 존재하지 않으며, 그러한 신이 존재한다고 해도 과학 법칙을 깨는 기적은 절대로 일어나지 않는다는 주장을 과감하게 할 수 있을까?

기적 이야기는 분명 과학적으로 시원스럽게 입증할 수 없다.

따라서 일반적으로 기적 이야기를 믿는 것은 어려운 일이다. 예수의 부활을 눈으로 확인한 제자들도 처음에는 그 일을 받아들이기 어려웠다. 하나님의 기적을 눈으로 본 이스라엘 백성들도 광야에서 자기들을 돌보실 것이며 가나안 땅을 주실 것이라는 말씀을 믿기 어려워했다. 이것이 인간이다.

하지만 신의 일이 어찌 인간의 생각으로 다 설명될 수 있는가? 오히려 우리에게 쉽게 납득이 되지 않는 놀라운 일들이 일어났기 때문에 성경은 더 신뢰할 만하다. 우리가 성경에 기록된 기적 이야기들의 당시 현장에 가서 눈으로 보지 않는 한, 그 일이 일어나지 않았다고 말하기도 어렵다. 따라서 성경의 기적 이야기를 믿지 않는 것은 자연법칙에 따라 일어난 외국의 어떤 사건의 장소에 가보지도 않고서 그런 일이 일어나지 않았을 것이라고 주장하는 것과 같다. 따라서 기적 이야기들이 실제로 하나님과 그의 아들 예수 그리스도와, 일부 하나님의 능력을 부여받은 선지자들과 그의 제자들을 통해 일어났다고 믿는 것은 당연한 것이다. 유신론을 전제하고 있다면, 그 전제를 따라 신의 기적 이야기를 믿고, 나아가 성경을 믿는 것은 너무나 합리적이다.

복음서는 초기 기독교인들에 의해 충분히 검증받았기에 믿어도 좋다

성경은 몇 사람이 날조해서 수많은 사람들에게 무비판적으로 받아들여진 것이 아니다. 성경은 철학적 사상의 기록이 아니라, 주로 이야기를 기록하고 있다. 이야기는 육하원칙에 따라 기록되며, 당대의 이성으로 평가받는다. 즉, 이야기는 거짓말이라면 사상과 다르게 밝혀지기가 너무나 쉽다. 언제 어디서 누가 무엇을 했다라고 기록하면, 사실이 아닌 경우 당장 반박받을 것이다. '그때 그런 일은 일어나지 않았는데? 거기서 그런 일이 일어났다고? 그 사람은 그 일을 하지 않았어!' 이처럼 이야기는 구체적이기에 거짓말로 날조되어 모든 사람이 믿게 되는 일이 일어나기 어렵다. 성경이 날조되려면 이야기가 아니라, 가르침이나 사상의 기록만이어야 했을 것이다.

예수님의 많은 이적들이 기록된 복음서는 네 권이다. 복음서가 기록된 시기는 예수님을 만나고 경험했던 주인공들이 대부분 살아 있던 때이다. 따라서 초기 기독교인들에게 충분히 검증된 책들이다. 그 증거는 이렇다. 우리가 알고 있는 복음서는 네 권이지만, 실제로 복음서라는 이름을 달고 있는 책들은 사본이 잘 보존된 것만도 아주 많다. 그런데 그 책들은 다 날조된 책, 이른바 위경이라고 취급되어 교회에서 거부되었다. 이유는 무엇일까?

날조된 책이거나 신빙성이 떨어지는 것으로 여겨진 책들로는 도마의 유년기 복음, 아랍어로 된 유년기 복음, 야고보의 원복음, 마태의 유년기 복음, 도마 복음, 유다 복음, 베드로 복음 등이 있다. 명칭은 학자들과 번역자마다 조금씩 다르다.

마태의 유년기 복음서를 보면 구유에 누인 아기 예수를 황소와

당나귀가 숭배했다는 이야기도 있고, 애굽으로 가는 여행길에 예수의 가족들을 위협하던 용을 아기 예수가 죽이는 내용도 있다.

아랍어로 된 유년기 복음에는 다음과 같은 이야기들이 있다. 예수가 어릴 때 안식일에 진흙으로 참새 12마리를 빚었는데 이웃이 비난하자 아버지 요셉이 예수를 야단쳤고, 예수가 날아가라고 명령하니 새들이 날아갔다. 소년 예수가 목수인 아버지를 도왔는데, 요셉의 솜씨가 별로라서 주문한 치수를 맞추지 못하면 예수가 손을 뻗쳐 길이가 맞춰져 고객이 원하는 대로 되었다. 이런 류의 이야기들이 위경들에 많이 나온다. 교회는 이런 책들을 검증했고, 실제 일어나지 않은 일이거나 신격화를 위해 만들어진 이야기들이기 때문에 자체적으로 배제했다.

성경은 일반 종교 경전들과는 다르게 대부분이 이야기로 되어 있다. 이야기들은 1세기에 이미 충분히 검증을 받았다. 이야기의 주인공들이나 목격자들이 대부분 살아 있었기 때문이다. 2세기 이후로는 그 중 많은 이들이 죽었지만, 새로운 책이나 주장들이 나올 때는 이미 검증된 책들과 비교하여 사실성이 결여된 것들은 제외되었다. 따라서 성경의 기적 이야기들을 역사적 사실로 믿는 것은 그리스 신화 이야기를 역사적으로 믿는 것과 다르다. 그리스 신화는 그리스 사람들도 실제 역사로 믿지 않는다. 한국인이 단군 신화의 호랑이와 곰의 이야기를 역사로 믿지 않는 것처럼.

그리스인도 한국인도 그들의 조상이 세상의 시작 이야기를 만들어냈다는 것을 알고 있었다. 그러나 성경의 기적 이야기들은 그런 방식으로 받아들여지지 않았다. 이스라엘 백성은 창세기를 역사로 받아들였고, 그 이야기에 나오는 신의 언약을 실제로 믿었고, 그 이야기에 근거해서 살았다. 예수님의 부활 이후에 기독교인들은 예수를 위해 목숨을 바쳤다.

성경 이야기들은 이처럼 전혀 다른 방식으로 취급되었다. 성경은 역사적 사실이며, 처음부터 그렇게 받아들여졌다. 예수 이야기가 헤라클레스의 이야기와 다르게 받아들여진 이유는 단 한 가지다. 분명한 역사적 사실이었기 때문이다.

같은 사건에 대해 서로 다른 기록들은 사건 자체의 진실성을 보증한다

이제 처음에 언급했던 두 번째 주장에 대해 검토해보자. 성경 안에 같은 사건에 대한 모순적인 기록들이 있고, 이것이 성경을 믿을 수 없는 증거라는 것이다. 간단한 것을 예로 들면, 예수께서 십자가에 달리셨을 때 양편 강도들에 대한 기록이 서로 다르다. "함께 십자가에 못 박힌 강도들도 이와 같이 욕하더라"(마 27:44). "달린 행악자 중 하나는 비방하여 이르되 네가 그리스도가 아니냐 너와 우리를 구원하라 하되 하나는 그 사람을 꾸짖어 이르되 네가 동일한 정죄를 받고서도 하나님을 두려워하지 아니하느냐 우리는 우리가 행한 일에 상당한 보응을 받는 것이니 이에 당연하거니와 이 사람이 행한 것은 옳지 않은 것이 없느니라 하고 이르되 예수여 당신의 나라에 임하실 때에 나를 기억하

소서 하니 예수께서 이르시되 내가 진실로 네게 이르노니 오늘 네가 나와 함께 낙원에 있으리라 하시니라"(눅 23:39-43). 마태복음에서는 두 강도들이 다 욕을 한 것처럼 보이지만, 누가복음에서는 강도 중 하나가 예수를 변호한 것으로 기록했다.

예수의 부활에 대한 이야기도 네 복음서의 이야기들에 서로 다른 점이 있다. "큰 지진이 나며 주의 천사가 하늘로부터 내려와 돌을 굴려 내고 그 위에 앉았는데 그 형상이 번개 같고 그 옷은 눈 같이 희거늘 지키던 자들이 그를 무서워하여 떨며 죽은 사람과 같이 되었더라"(마 28:2-4). "무덤에 들어가서 흰 옷을 입은 한 청년이 우편에 앉은 것을 보고 놀라매"(막 16:5). "돌이 무덤에서 굴려 옮겨진 것을 보고 들어가니 주 예수의 시체가 보이지 아니하더라 이로 인하여 근심할 때에 문득 찬란한 옷을 입은 두 사람이 곁에 섰는지라"(눅 24:2-4). "마리아는 무덤 밖에 서서 울고 있더니 울면서 구부려 무덤 안을 들여다보니 흰 옷 입은 두 천사가 예수의 시체 뉘었던 곳에 하나는 머리 편에 하나는 발 편에 앉았더라"(요 20:11-12). 빈 무덤에 있던 존재가 천사인지 청년인지, 하나인지 둘인지, 어디에 있었는지 묘사가 조금씩 다르다.

이와 같이 하나의 사건에 대한 기록이 다르다고 해서 날조된 기록이라고 볼 수 있는가? 그렇지 않다. 톰 라이트라는 신학자는 한 사건에 대한 상이한 기록들은 오히려 그 사건이 실제로 일어난 사건을 입증하는 강력한 증거이며, 기록들이 한 사람에 의해 조작되지 않았다는 것을 입증한다고 말한다. 예를 들어 어떤 사람의 범죄를 동시에 목격한 사람이 여럿 있다고 하자. 그들이 한 사건에 대해 유사하지만 조금씩 다른 증언을 하는 것은 당연하지 않겠는가? 오히려 입을 맞춘 듯 같은 말을 한다면 의심스러워진다. 각각 약간 다른 시간과 다른 위치에서 본 증언이므로 아주 같을 순 없다. 예컨대 보는 위치에 따라 누구에겐 범행에 쓰인 무기가 보일 수 있고, 누구에겐 그 사람의 옷이나 인상착의가 눈에 들어올 수도 있다.

서로 다른 기록이 나온 것에 대한 이유를 밝히려는 것이 아니다. 증언이 조금씩 서로 다른 것은 오히려 그 일이 일어났다는 분명한 증거라고 봐야 한다는 것이다. 우리의 고민은 그저, 왜 서로 다른 증언들이 남아 있는가 하는 점을 밝혀내는 일이다. 이것은 성경의 모든 사건들에 대해서도 마찬가지이다.

같은 사건에 대해 약간 다른 기록들은 충분히 설명 가능하다

우리가 분명히 확신할 수 있는 것은 성경이 어느 경전들보다 많은 사본과 기록들을 보유하고 있으며, 많은 이들에게 검증되었다는 것이다. 그리스어로 기록된 신약성경은 그레코로만 사회에서 정말 까다로운 검증을 거쳤다. 그 사실성에 대한 것뿐만 아니라, 성경을 읽고 변화된 이들의 삶을 통해 검증을 거친 것이다. 당신이 성경의 하나님을 믿는다면 당신의 전제에 따라 성경의 모든 기적들을 믿을 수 있게 되길 바란다.

부활 사건과 같이, 한 사건에 대한 서로 다른 기록들은 그 자체가 사건이 일어나지 않았다는 증거가 될 수는 없다. 물론 상이한 기록들이 사건 자체가 일어났다는 것을 입증하는 것이라는 논리도 완벽하지 않지만, 적어도 사건이 일어난 자체를 부인하긴 어렵다.

사본이 그리 많지 않지만, 트로이전쟁에 대해 서로 다른 이야기들이 그레코로만 사회에 전설로 내려오고 있었다. 후에 고고학적 발굴을 거친 결과 트로이는 역사적으로 존재했던 나라이며, 따라서 트로이전쟁의 영웅들도 비록 과장된 묘사와 덧붙여진 이야기들이 있지만 실제로 존재했던 인물이었다고 믿어지고 있다. 구약과 신약의 사본은 트로이 이야기를 전하는 〈일리아스〉와 비교도 안 되게 많다. 그 기록들이 수천 년간 전해졌으며 사본 간의 차이도 거의 없는데, 몇 가지 다른 기록들이 있다고 해서 전체를 날조된 신화라고 말한다면 지나가던 개도 웃을 것이다.

그렇다면 우리에게 중요한 것은 부활이 실제로 일어난 사건이라고 할 때, 왜 서로 다른 기록들이 남았느냐는 것이다. 두 가지 가능성이 있다. 하나는 목격자들의 기억이 서로 다르기 때문일 수 있으며, 다른 하나는 목격자들이 각각 남긴 이야기들의 특성 때문일 수 있다. 목격자들의 기억 차이 때문이라고 할 때, 우리는 성경의 모든 이야기들을 다시 한 번 비평적으로 검토해야 한다는 과제를 안게 된다. 그렇게 비평을 하게 될 때 정확한 기준을 세우는 것은 매우 힘든 일이 될 것이며, 비평 자체에도 오류가 많을 수밖에 없을 것이다. 그럼에도 불구하고 상이한 기록은 목격자들의 상이한 기억 때문이라고 보고, 우리는 성경을 잘 비평하여 좀 더 사실에 가깝게 사건을 재구성하면 될 것이다. 목격자들이 남긴 이야기들의 특성 때문에 상이한 기록이 남게 되었다고 한다면, 우리는 성경의 이야기들을 기록자들이 남긴 전체의 문맥과 의도에서 파악하기 위한 연구를 해야 할 것이다. 물론 성경에 대한 이런 연구들은 아직 완벽하지 않고, 영원히 그럴 수도 있다. 하지만 이런 연구가 가치는 있다.

사람들은 똑같은 사건을 목격했다고 하더라도 똑같은 목격담을 남기지 않는다. 사건을 보고 쓰는 기록자의 의도에 따라 중요하지 않은 정보는 생략하기도 한다. 마태는 유대인들에게 예수가 구약에서 증거된 메시아라는 것을 입증하려는 목적으로 글을 쓰면서, 양편 강도들의 이야기를 많은 사람들이 예수를 조롱하고 욕했다는 문맥에 위치시킨다. 양편 강도들을 비롯한 모든 사람들이 조롱하고 욕했지만, 예수는 진정한 메시아였다는 것이다.

하지만 누가는 복음서 전체에서 예수께서 온 인류의 구원자라는 것을 드러내면서 사마리아인, 과부, 들에 있는 목자들, 삭개오까지 예수의 복음을 받아들이게 된다는 사실을 기록한다. 이런 맥락에서 누가는 다른 복음서 기자들이 생략한 한 편 강도의 드라마틱한 회개를 기록했던 것이다. 그 강도도 처음에는 예수를 욕했을 것이다. 그러나 십자가상에서 예수에 대한 진정한 믿음에 이른 것이다. 이런 방식으로 누가는 예수께서 온 인류의 구원자라는 것을 드러낸다. 두 상이한 기사는 이렇게 충분히 설명 가능하다. 성경 기록의 다른 점이 목격자들이 남긴 이야기들 자체의 특성과 대상, 목적에 따라 상이해 보일 수 있는 가능성은 얼마든지 있다.

예수의 부활 기사에 대해 다른 점은 좀 더 복잡하다. 나 역시 이에 대해 완벽한 설명을 찾지 못했다. 하지만 분명한 것은 예수의 부활 기사의 상이함이 부활 기사가 날조된 것의 증거라는 주장보다, 오히려 네 가지 복음서들 자체의 목적에 각각 충실하게 기록되면서 증언의 채택 여부에 따라 약간씩 다른 점을 보이는 것이라는 주장이 훨씬 더 설득력이 있다. 여자들이 부활을 기대하지 못한 채 먼저 무덤에 갔다는 것, 그들이 빈 무덤을 발견했다는 것, 부활 이후 제자들이 예수 그리스도를 만났다는 것 등, 동일한 뼈대 위에서 부활이 조금씩 다른 관점에서 기록되었다는 것이다. 약간의 상이한 부분을 설명하기에 큰 어려움은 없다.

흰 옷 입은 사람에 대한 묘사가 천사와 남자로 다른 것은 천사를 남자로 볼 수도 있기에 문제가 되지 않는다. "큰 지진이 나며 주의 천사가 하늘로부터 내려와 돌을 굴려 내고 그 위에 앉았는데 그 형상이 번개 같고 그 옷은 눈 같이 희거늘"(마 28:2-3). "무덤에 들어가서 흰 옷을 입은 한 청년이 우편에 앉은 것을 보고 놀라매"(막 16:5).

무덤 안에 있던 어떤 존재(천사든 남자든)가 한 명이냐 두 명이냐 하는 차이는 설명하기 쉽지 않지만, 누가가 부활의 확실성을 강조하기 위해 전해들은 부활 사건을 이방 지도자에게 전하기 위해 좀 더 사실적으로 표현한 것이라고 설명할 수 있다. "이로 인하여 근심할 때에 문득 찬란한 옷을 입은 두 사람이 곁에 섰는지라"(눅 24:4). 누가는 예수의 제자가 아니었기에 직접 목격한 것이 아니라, 증언의 확실성을 담보하기 위해 두 명을 언급한 증언을 택해 기록했을 가능성이 높은 것이다. 물론 이러한 설명들이 완벽할 수는 없다. 하지만 기적 이야기도 기록의 상이함도, 성경을 믿는 데는 큰 문제를 일으키지 않는다.

성경은 신뢰할 만하며 능력이 검증된 하나님의 말씀이다

내 설명이 여전히 부족하지만, 여기까지 살펴본 대로 보면 성경은 믿을 만한 것이라는 결론을 지을 수밖에 없다. 성경을 포괄적으로 잘 연구하면 할수록 기독교 신앙에 대한 확신은 더욱 클 수밖에 없다. 영국의 신학자 알리스터 맥그래스는 22세에 옥스퍼드 대학에서 분자생물학으로 박사학위를 받은 천재 과학자였다. 그에게도 성경은 믿는 데 아무 문제가 없는, 능력 있는 하나님의 말씀이었다. 그는 무신론자 도킨스가 망상 속에서 진리를 외면하고 있다고 비판하는 등 기독교 신앙을 변증하는 데 큰 업적을 세웠다.

예수의 이야기들은 서로 다른 대상들에게 하나님의 복음을 전하려고 네 개의 복음서로 전해졌다. 사무엘-열왕기와 역대기처럼 구약의 역사도 두 버전으로 전해진다. 이렇게 다양한 이야기들이 수많은 사본들 사이에서도 거의 완벽한 일치를 통해 원본으로 구성되어 성경이 존재한다는 자체가 놀라운 일이다. 또한 다양하고 상이한 내용을 가지고 있다는 자체가 누군가 모여서 성경을 조작하지 않았다는 증거이기도 하다. 복음서의 버전이 다양하다는 것은 복음을 더욱 풍성하게 만들기도 한다. 예수의 생애를 복음서 저자들이 각각 다 기록할 수 없었기 때문에 증언과 자료의 선별은 불가피한 것이었다. 그러나 다양한 기록들의 존재 자체가 예수 사건의 확실성을 보증하기에 충분하다. 물론 믿지 않으려는 이들에게는 이러한 말이 별 의미가 없을 것이다.

복음서들은 예수의 이적들에 대한 다양한 반응을 그대로 보여준다. 많은 사람들이 예수의 이적을 보고 믿었다. "무리가 보고 두려워하며 이런 권능을 사람에게 주신 하나님께 영광을 돌리니라"(마 9:8). "예수의 소문이 곧 온 갈릴리 사방에 퍼지더라"(막 1:28). 하지만 어떤 사람들은 예수가 보여준 이적 자체는 거부할 수 없어서 '귀신의 왕을 힘입어 이적을 일으켰다'고 주장하면서, 예수가 기적을 행하긴 했지만 메시아는 아니라고 공격했다. "예루살렘에서 내려온 서기관들은 그가 바알세불이 지폈다 하며 또 귀신의 왕을 힘입어 귀신을 쫓아낸다 하니"(막 3:22). 어떤 유대인은 예수의 이적 이야기들을 듣고 믿을 수 없어 다른 증거들을 요구하기도 했다. "바리새인과 사두개인들이 와서 예수를 시험하여 하늘로부터 오는 표적 보이기를 청하니"(마 16:1). 예수의 기적 이야기들은 당시에도 믿을 수 없는 이야기였고, 많은 이들에 의해 의심되고 또한 검증된 사건이었다. 예수 시대의 사람들도 예수의 이적들을 자신들의 전제와 의도에 따라 받아들이기도 했고 부인하기도 했다.

대제사장과 사두개인과 바리새인은 자신들에게 손해가 되기 때문에 예수를 믿을 수 없었고, 헤롯과 로마의 정치인들은 예수의 사건이 정치적 반란으로 이어질까봐 두려워했다. 만약 예수가 이적들을 일으키지 않았다면 유대인에게 대중적인 믿음을 일으키지 못했을 것이고, 민란이 일어날 염려를 하지 않아도 되었을 것이다.

예수는 2세기에 로마에 대항하는 반란군 지도자였던 바르 코크바처럼 반란군을 만들지도 않았다. 예수를 죽이는 일에 로마가 개입하지 않았고, 빌라도도 예수를 죽이려 하지 않았다는 것은 다 알려진 이야기다. 그럼에도 불구하고 예수가 십자가에서 죽게 된 것은, 그가 수많은 이적들을 일으켜서 많은 사람들이 그를 하나님의 아들로 믿어, 유대교 지도자들이 위기를 느꼈기 때문이었다. 예수가 이적을 일으키지 않았고 유대인 대중의 종교적 신념을 깨지 않았다면, 굳이 무리하여 예수를 죽일 필요가 없었을 것이다. 모든 정황이 예수의 이야기들에 신빙성을 더해주고 있을 뿐이다.

예수의 이적 이야기들이 거짓이라면 수많은 그리스도인들이 아무 능력도 없었던 한 청년의 '메시아 주장'을 믿지 않았을 것이다. 적어도 예수의 기적을 본 이들은 십자가에서 죽은 메시아를 이해하지 못했어도, 예수가 메시아라는 것을 거부하지는 않았다. 사람들이 대규모로 예수를 따르는 것에 대한 두려움이 유대인 지도자들로 하여금 예수를 죽이게 했던 것이다. 이것이 가장 타당한 설명이다.

성경은 사람을 변화시킨다

성경의 가치를 떨어뜨리는 분명한 증거들이 여전히 나오지 않은 상황에서 성경을 의심하는 것은 오히려 비상식적이고 이상하다. 바울은 디모데에게 성경이 구원에 이르는 지혜를 준다고 말했다. "또 어려서부터 성경을 알았나니 성경은 능히 너로 하여금 그리스도 예수 안에 있는 믿음으로 말미암아 구원에 이르는 지혜가 있게 하느니라"(딤후 3:15). 성경은 읽는 자에게 놀라운 능력을 일으켰다. 이것이 성경이 하나님의 말씀이라는 또 다른 강력한 증거다.

하나님께서 이스라엘 백성들을 통해 구약성경을 주셔서 하나님의 구원 계획을 계시하셨던 것처럼, 우리에게는 동일한 방식으로 신약성경을 주셔서 예수를 메시아로 믿지 않을 수 없게 하셨다. 이 성경은 하나님의 영감을 통해 주어진 것이며, 하나님의 놀라운 능력으로 사람을 변화시킨다. "모든 성경은 하나님의 감동으로 된 것으로 교훈과 책망과 바르게 함과 의로 교육하기에 유익하니"(딤후 3:16). 성경을 통해서만 우리는 참된 진리를 얻고 참된 인생을 살아갈 수 있다. "이는 하나님의 사람으로 온전하게 하며 모든 선한 일을 행할 능력을 갖추게 하려 함이라"(딤후 3:17). 성경을 믿고 읽는다면 성경이 왜 신뢰할만한 책인지 지성적으로든 경험적으로든 부인할 수 없게 될 것이다.

믿고 싶은 그대를 위해 ③

- 기독교인은 성경이 증거하는 하나님을 믿을 만한 확실한 증거를 납득했거나 체험했기에 그 신이 자연법칙 위에 존재하신다고 믿으며, 특별한 경우에 한해 기적을 일으키신다는 것을 믿습니다.

- 만약 세상을 창조한 전지전능한 신이 존재한다는 유신론의 전제를 따르게 된다면 성경의 기적 이야기들은 결코 황당한 이야기가 아닙니다. 결국 '전제', 즉 믿음의 문제입니다.

- 성경의 가치를 떨어뜨리는 분명한 증거들이 여전히 나오지 않은 상황에서 성경을 의심하는 것은 오히려 비상식적이고 이상합니다. 성경은 읽는 자에게 놀라운 능력을 일으키는 하나님의 말씀입니다.

예수는 그저 위대한 선생 아닌가요?

영화를 유달리 좋아하는 자매가 있었다. 그 자매는 어느 배우를 지나칠 정도로 좋아해서 신앙의 대상이라고 해도 될 정도였다. 그의 대사들을 거의 외우고 있었으며, 그가 인터뷰 중에 남겼던 중요한 '말씀'들을 언급하면서, 그가 잘 생겼을 뿐만 아니라 얼마나 훌륭한 인격을 가지고 있는지 다른 사람들에게 강변하는 것을 사명으로 여기는 것 같았다.
그러나 그 자매는 다른 사람들이 볼 때 그냥 영화배우에게 빠진 사람이었다. 그의 생활은 다른 사람들에게 선한 영향력을 미치지 못했다. 그녀의 우울증은 그 영화배우에 의해 조금 치유되는 것처럼 보였으나, 그 배우가 스캔들로 추락하자 걷잡을 수 없게 되었다.
많은 사람들이 예수를 그 영화배우쯤으로 생각하는 것 같다. '그는 제자들의 인생에 큰 영향을 미쳤던 위대한 사람 정도가 아닌가?' 이렇게 생각하는 것은 자유다. 그러나 그 자유가 인생을 송두리째 망가뜨릴 수 있다.

예수에 대해 수정된 믿음들

현대 사회에서 예수가 이 땅에 살았던 한 인간이었다는 것을 부정하는 사람은 없다. 공자나 부처처럼 예수는 분명 실존했던 한 인간이었다. 그렇다면 예수의 신성을 부인하고, 예수를 한 사람의 선지자나 위대한 선생으로 보는 것은 참 합리적이며 편안한 방법이다. 매력적인 설명이다. 그렇게 위대한 선생인 예수를 후대 사람들이 신성시하여 기독교가 탄생했다는 시나리오는 하나님뿐만 아니라 다른 어떤 신적 존재도 부정하는 유물론자들에게 인기 만점이다. 일부 기독교인조차 선택하고 싶은 유혹이다. 신이 인간이 되었다는 황당한(?) 믿음을 정당화시킬 필요도 없고, 예수를 사회에 유익을 주는 선생으로 소개하면 비기독교인들에게도 합리적인 믿음이라고 칭찬받을 것이다.

역사적으로 다양한 부류의 사람들이 자신들만의 방식으로 예수를 각색했다. 그중 하나가 영지주의(靈智主義)다. 이것은 1세기부터 예수에 대해 싹튼 오해들 중 대표적인 것이었다. 영지주의는 예수께서 인간이었다는 것을 부인하는 사상으로 초기 기독교

문서들에 이미 소개되었다. “미혹하는 자가 세상에 많이 나왔나니 이는 예수 그리스도께서 육체로 오심을 부인하는 자라 이런 자가 미혹하는 자요 적그리스도니”(요이 1:7). 영지주의는 예수의 신성은 인정하되 예수께서 인간이셨다는 것을 부인하는 사상이었다. 영지주의는 자신들의 생각에 맞춰 예수를 각색한 대표적인 예다.

시간이 좀 지나면서 반대로 예수의 신성을 부인하는 사상들이 생겨났는데, 대표적인 것이 4세기에 절정에 이른 아리우스(Arius)의 사상이었다. 그는 예수가 하나님과 동일하신 신적 존재가 아니고, 인간으로 태어났지만 신으로 높여진 존재라고 주장했다. 간단히 말하면, 예수는 하나님과 같은 신적 본질을 가지신 게 아니고, 거의 신과 같이 훌륭한 인간이셨다는 것이다. 예수께서 죽으신 지 200년 이상이 흐른 시점에서 사람들은 예수가 인간이었다는 사실에 기반을 둔 가운데, 예수의 신적 본질을 수정하는 형태로 좀 더 믿기 쉬운 신앙을 만들어낸 것이다. 이 사상은 현대에 접어들면서 여호와의 증인과 같은 이단을 통해 이어지고 있다. 이러한 설명 또한 자신들의 생각으로 예수를 각색한 수정된 믿음이다. 위에 소개한 두 가지 종류의 수정된 믿음은 인간이 자신들의 사상의 틀에 맞게 신앙을 왜곡하는 전형적인 예이다.

예수는 참 믿기 어려운 분임에 틀림없다. 하나님이시고 동시에 사람이라니, 신비하다! 우리의 상상을 뛰어 넘는다. 이렇게 믿기 어려운 예수를 받아들이기 위해 간단한 방법이 있다. 그것은 신성을 부정하든지 인성을 부정하는 것이다. 신이셨는데 인간의 모습으로 보였을 뿐이라는 영지주의, 인간이셨는데 신으로 추앙되었다는 아리우스주의가 그 방법들이다. 이것은 믿기 어려운 예수에 대한 수정판 신앙이고, 나름의 추종자들을 얻고 있다.

예수는 자신이 하나님의 아들이라고 주장하여 십자가에 죽게 되었다

그러나 이렇게 수정된 믿음들은 성경과 역사적 정황에 들어맞지 않는다. 예수가 과연 단순히 인간으로서 위대한 선생이었는가? 그렇게 보기에는 너무나 석연치 않은 점이 많지만, 한 가지만 논증을 해보도록 하겠다. 예수는 십자가에서 죽임을 당했다. 이 세상에 어떤 사람도 예수의 십자가 처형의 역사성을 부정하는 사람은 없다. 예수께서 당시 유대 종교인들에게 고소를 당했고, 로마의 총독 빌라도에게 재판을 받았으며, 결국 십자가에서 죽음을 당했다. 이것은 참 이상한 일이다. 예수는 왜 죽었는가?

예수는 로마에서 예수보다 몇십년 전에 죽었던 그 유명한 율리우스 카이사르처럼 모든 지위와 권력을 독점하여 암살을 당할 만한 어떤 공적 지위나 권력도 가지고 있지 않았다. 백성들을 선동하여 로마의 권력에 대항하려 하지도 않았다. 그랬다면 빌라도가 예수를 죽이려 했을 것이다. 로마나 자신의 권력에 위협이 되기 때문이다. 그러나 빌라도가 예수를 죽이려 했다는 주장은 그 어디에서도 찾아볼 수 없다. 예수가 권력자들처럼 죽임을 당한 것은 분명히 아니다. 그럼에도 불구하고 예수는 당시 로마에서의 극형이자 유대인들에게는 저주의 상징인 십자가 처형을 당했다.

예수는 왜 죽은 것일까? 그 이유는 종교적인 데 있다. 성경도 그렇게 주장하고 있고, 정황도 정확히 들어맞는다. 유대인들이 '유일하신 하나님을 믿고, 하나님의 선민이라는 의식을 가지고 있었고, 자신들을 통해 세상의 종말이 올 것'이라고 믿고 있었던 종교적 백성이었다는 것은 로마 사람들도 익히 알고 있었다. 이에 대한 증거는 너무나 분명하기 때문에 거부할 수 없을 것이다.

유대인은 종교에 의해 지배되었던 사람들이었다. 그렇다면 성경이 기록하는 예수의 재판 장면은 상당히 신빙성이 있다. 복음서를 들여다보자. 예수 처형의 결정적 이유, 즉 유대인들의 기소 이유는 두 가지였다. 예수가 자신을 하나님의 아들이자 메시아로 주장했기 때문이다. 예수를 죽음으로 몰고 간 것은 빌라도가 아니라 유대 종교지도자들이었다. 그들은 예수가 신성을 모독했다는 이유로 고소했다. 유대인들은 예수가 성전(聖殿)을 대신할 것이라는 말씀과 스스로 하나님의 아들이라고 주장했다는 이유로 그를 고소했다. "이르되 이 사람의 말이 내가 하나님의 성전을 헐고 사흘 동안에 지을 수 있다 하더라 하니… 예수께서 침묵하시거늘 대제사장이 이르되 내가 너로 살아 계신 하나님께 맹세하게 하노니 네가 하나님의 아들 그리스도인지 우리에게 말하라"(마 26:61,63).

유대인들은 이방인 지배자들에게 세 번 정도 봉기를 일으켰다. 대략 BC 167년 경, AD 70년 경, AD 132년경이다. 이 모두는 유대인들의 신앙과 관련이 있다. 유대인들은 자신들의 신앙에 심각한 위협이 있을 때 죽음을 무릅 쓰고 저항한다. 이런 유대인들이 종교적 주장을 이유로 예수를 죽였다는 것은 성경에 신빙성을 더한다. 예수는 자신이 하나님의 아들이며, 자신을 통해 성전과 율법이 완성될 것이라고 주장했기 때문에 죽임을 당한 것이다.

지금까지 확실해지는 것은 예수가 적어도 단순히 위대한 선생은 아니었다는 것이다. 그랬다면 유대인들의 극렬한 고소와 빌라도까지 동원한 재판을 설명할 방법이 없어진다. "바리새인들이 나가서 곧 헤롯당과 함께 어떻게 하여 예수를 죽일까 의논하니라"(막 3:6). "바리새인들이 나가서 어떻게 하여 예수를 죽일까 의논하거늘"(마 12:14). "예수께서 날마다 성전에서 가르치시니 대제사장들과 서기관들과 백성의 지도자들이 그를 죽이려고 꾀하되"(눅 19:47). "이 날부터는 그들이 예수를 죽이려고 모의하니라"(요 11:53). 유대인들은 온갖 방법을 동원하여 로마 총독의 권력으로 예수를 죽이려 했다. "이에 그들이 엿보다가 예수를 총독의 다스림과 권세 아래에 넘기려 하여 정탐들을 보내어 그들로 스스로 의인인 체하며 예수의 말을 책잡게 하니"(눅 20:20).

단순히 예수가 새로운 도를 전한 선생이라면 이럴 필요가 없다. 성경의 증거대로 예수께서 유대인들이 가지고 있는 신앙에 정면으로 도전하는 주장을 했기 때문이다. 예수의 주장이 맞다면 그는 하나님의 아들이며 진정한 메시아이고, 예수의 주장이 맞지 않다면 그는 위대한 선생이 아니라 신을 참칭하는 광인으로 보는 것이 맞다. 이런 예수를 유대인들이 그냥 두고 볼 수 없었다. 스스로를 하나님의 아들이라 주장하면서, 기적과 지혜로운 가르침으로 종교적 추종자들을 얻었기 때문이다. 여기서 유대인들은 두 가지 중 한 가지를 선택할 수밖에 없었다. 자신들의 악함을 회개하고 예수를 중심으로 구약을 해석하며 신앙을 새롭게 정립하든지, 아니면 자신들의 종교 체제를 유지하기 위해 예수를 죽이든지. 다른 길은 없었다.

예수가 단순히 도덕적 가르침을 준 위대한 선생일 수 없다. 유대인들이 믿고 있던 하나님께서 보내실 메시아였기 때문에 죽임을 당했다고밖에 볼 수 없다. 그렇다면 우리는 예수를 유대인들처럼 과대망상에 빠져 신성을 모독하는 광인으로 보든지, 아니면 그를 진정한 메시아로 믿어야 한다.

예수의 제자들은 예수가 십자가에 처형될 위기에 처하자 모두 그를 배신했다. 그가 부활하여 진정한 메시아임이 입증되자, 예수를 죽였던 이들까지도 예수를 메시아로 믿게 된 것이었다. 그것이 기독교 신앙의 완성이자, 새로운 시대의 개막이었다.

예수는 위대한 선생이 아니라,
참 하나님의 아들이자 세상의 구원자다

하나님이 창조하신 세상이 인간의 반역으로 파괴되었을 때, 하나님은 세상에 자신의 종을 보낼 것이라고 예언했다. 예수는 바로 자신이 그 인물이라고 주장하고 활동하다가 십자가에서 죽은 것이다.

모든 선지자들은 메시아에 대해 말하고 있다. 그는 하나님의 아들이며, 세상의 구원자로 오실 분이다. "내가 한 목자를 그들 위에 세워 먹이게 하리니 그는 내 종 다윗이라 그가 그들을 먹이고 그들의 목자가 될지라 나 여호와는 그들의 하나님이 되고 내 종 다윗은 그들 중에 왕이 되리라 나 여호와의 말이니라 내가 또 그들과 화평의 언약을 맺고 악한 짐승을 그 땅에서 그치게 하리니 그들이 빈 들에 평안히 거하며 수풀 가운데에서 잘지라 내가 그들에게 복을 내리고 내 산 사방에 복을 내리며 때를 따라 소낙비를 내리되 복된 소낙비를 내리리라"(겔 34:23-26 외). 예수는 바로 자신이 하나님의 아들이며, 그 메시아라고 말하고 있는 것이다.

예수는 진리를 주장했는데, 아이러니하게도 바로 그 진리가 유대인 종교 지도자들의 반대에 부딪혔고 십자가 처형으로 이어졌다. 예수께서 예루살렘에서 십자가에 처형되었다는 사실이 예수가 하나님의 아들이라고 주장했기 때문이라는 증거이며, 부활은 그가 하나님의 아들임을 입증해준 것이다. 결국 예수는 공자나 소크라테스 같은 위대한 선생일 수 없는 것이다. 그의 주장이 종교적 주장이었기 때문에 처형되었고, 그의 부활이 그의 주장을 입증하였기에 부활하신 예수를 만난 이들은 그를 선생으로서 존경한 것이 아니라 참된 구원자로 믿게 되는 것이다. 예수가 단순히 위대한 선생이었다면 시기하는 무리들이 있었을지 몰라도 유대인들에 의해 종교적인 이유로 죽임을 당하지는 않았을 것이 확실하다. 정치인들이 예수를 싫어했을지도 모른다. 그러나 굳이 죽일 필요까지는 없었다. 혹 죽이려 했을지라도 존경하는 사람이 많은 인물을 그렇게 죽인다는 것은 정치적으로 부담이 된다.

부처와 공자는 좋은 대접을 받다가 늙거나 병으로 죽었다. 소크라테스는 예외다. 그는 민중들을 선동한다는 명목으로 정치적 기득권 세력에게 죽임을 당했다. 소크라테스의 죽음은 정치적 죽음이었던 것이다. 하지만 명백하게 이야기할 것은 예수가 로마를 비판하거나 권력에 도전했기 때문에 죽임을 당한 것은 아니라는 것이다. 빌라도가 그 점을 확인하려 했지만 예수는 황당한(?) 답을 했다. "빌라도가 대답하되 내가 유대인이냐 네 나라 사람과 대제사장들이 너를 내게 넘겼으니 네가 무엇을 하였느냐 예수께서 대답하시되 내 나라는 이 세상에 속한 것이 아니니라 만일 내 나라가 이 세상에 속한 것이었더라면 내 종들이 싸워 나로 유대인들에게 넘겨지지 않게 하였으리라 이제 내 나라는 여기에 속한 것이 아니니라 빌라도가 이르되 그러면 네가 왕이 아니냐 예수께서 대답하시되 네 말과 같이 내가 왕이니라 내가 이를 위하여 태어났으며 이를 위하여 세상에 왔나니 곧 진리에 대하여 증언하려 함이로라 무릇 진리에 속한 자는 내 음성을 듣느니라 하신대 빌라도가 이르되 진리가 무엇이냐 하더라 이 말을 하고 다시 유대인들에게 나가서 이르되 나는 그에게서 아무 죄도 찾지 못하였노라"(요 18:35-38).

예수는 단순히 위대한 선생일 수 없다. 그러한 주장이 신비한 요소를 제거하여 예수를 합리적으로 이해하게 도움을 주는 것 같지만, 오히려 이 세상에 오신 유일하신 메시아를 받아들이지 못하게 하는 인류 최대의 실수이다. 예수를 단순한 인간이 아닌 구원자로 받아들이는 것이 가장 타당하다. "그러므로 우리가 이제부터는 어떤 사람도 육신을 따라 알지 아니하노라 비록 우리가 그리스도도 육신을 따라 알았으나 이제부터는 그같이 알지 아니하노라"(고후 5:16).

믿고 싶은 그대를 위해 ④

- 믿기 어려운 예수를 인간이 받아들이는 간단한 방법은 예수의 신성을 부정하든지 인성을 부정하는 것입니다. 그런데 예수는 자신이 하나님의 아들이라 주장하여 십자가에 죽게 되었습니다.

- 예수가 단순히 위대한 선생이라면 유대인들이 로마 총독의 권력까지 동원하여 죽일 필요는 없었을 것입니다.

- 예수께서 예루살렘에서 십자가에 처형되었다는 사실이 예수가 하나님의 아들이라고 주장했기 때문이라는 증거이며, 부활은 그가 하나님의 아들임을 입증해준 것입니다.

2부

오해하는 이에게

기독교는 죽어서 천국 가는 종교 아닌가요?

내 아버지는 목회자셨다. 15년 전에 소천하셨지만, 많은 설교가 지금도 기억난다. 아버지께서 설교 중 하신 예화 중에 바람 풍(風)자에 대한 이야기가 참 재미있었다.

혀가 짧은 훈장 선생님이 있었다. 바람 풍자가 발음될 리가 없었다. "자, 따라 하거라. 바담 풍." 아이들은 "바담 풍"이라고 했다. 선생님은 아이들이 "바람 풍"이라고 하지 않으니 호통을 쳤다. "바담 풍이 아니고 바담 풍이야! 다시 따라 하거라. 바담 풍." 아이들은 영문도 모르고 또 "바담 풍"이라고 했다. "그게 아니래두!" 선생님은 화가 나기 시작했다.

그렇게 실랑이가 좀 지속된 후 선생님은 자신의 발음에 문제가 있다는 것을 알고 이렇게 말했다. "내가 바담 풍이라고 해도 너희는 바담 풍이라고 해야 한다." 두 번째 '바담 풍'을

'바람 풍'이라고 해야 하는데 발음이 안 되고, 아이들은 '바담 풍'만 연신 내뱉는 선생님을 영문도 모르고 쳐다볼 뿐이었다. 이게 교회 안에서 벌어지는 일일 줄이야.

수많은 교회에서 천국에 대해 강의와 설교를 했다. "예수님은 하나님나라가 가까이 왔다고 하셨습니다. 예수님께서 나라(천국)가 임하게 기도하라고 하셨습니다. 천국은 무엇입니까? 죽으면 가는 곳입니다. 고통과 슬픔이 없는 곳입니다." 전혀 틀린 말은 아니다. 그러나 언제까지 '바담 풍'만 할 것인지, 언제쯤 '바담 풍'이라고 해도 '바람 풍'으로 알아들을 수 있을지.

기독교 신앙은 늘 도전에 승리했다

우리는 지금까지 네 가지 질문에 답을 하면서 기독교에 대한 의심과 도전에 대해 나름의 답을 찾아보았다.

먼저 첫 번째로, 예수가 자신을 신으로 주장하는 허무맹랑한 정신병자가 아니라면, 부처와 공자처럼 한 인간으로서 종교를 창시한 것이 아니라, 세상을 창조한 구약의 하나님이 세상을 구원하기 위해 보낸 메시아라는 것을 논증했다.

두 번째로 논증한 것은 기독교가 1세기에 예수의 제자들에 의해 만들어진 종교가 아니라, 유일하신 하나님께서 세상에 보내신 아들 예수를 통해 성취한 유일한 진리일 수밖에 없다는 것이다.

세 번째는 기독교의 가장 중요한 기반인 성경이 구약의 선지자들과 예수의 제자들에 의해서 날조된 것일 수 없고, 유대인들과 로마 제국의 철저한 검증을 거쳐 진리로 입증된 것임을 살펴 보았다.

마지막으로 네 번째, 사람들이 타협하여 만들어낸 결론인 '예수는 신이 아니고 위대한 선생'이라는 주장은 잘못된 것이고, 예수가 인류를 구원할 참된 구원자라는 사실을 확인했다.

기독교 신앙은 지난 2천 년 동안 수많은 의심과 오해를 받았고, 심각한 박해에도 직면했었다. 한국 기독교는 19세기 말에서 20세기 중후반까지 이어진 박해의 시기가 지나갔으나, 이제는 여러 지성적인 도전들을 직면하고 있다. 지금까지 그런 도전들에 대해 여러 답변을 제시해보았다. 이 책의 답변들을 통해 이미 기독교 신앙을 소유하고 교회에 다니는 이들 안에서 자라고 있는 의심의 독버섯이 제거되길 소망한다.

기독교 신앙은 늘 의심받았고 도전에 직면했지만, 로마 제국과 중세 유럽 사회에서, 아메리카 대륙과 아시아와 아프리카에서도 늘 그 가치를 인정받았다. 그 이유는 기독교 신앙이 지성적으로 충분한 답변을 제공하면서, 동시에 예수를 통해 개인과 가정과 사회에 놀라운 변화가 일어났기 때문이다.

기독교는 죽어서 천국 가는 종교인가?

당신이 나의 소망대로 예수에 대한 의심을 거두고 믿음을 확고히 할 수 있기를 바란다. 그렇다면 이제 우리 안에 내재돼 있는 예수에 대한 오해를 다뤄야 할 차례이다. 우리가 예수를 주요 메시아로 인정하고, 성경과 기독교 신앙을 절대 신뢰한다고 해도 우리가 진정한 그리스도인으로서 기독교가 약속하는 하나님나라를 누리며 살아갈 수 있는 것은 아니기 때문이다.

예수께서 가르치신 복음을 제대로 이해하지 못하면 유대인처럼 스스로 하나님의 백성이라고 착각하면서도 복음이 없이 저주 가운데 놓일 수 있다. 이단뿐만 아니라, 정통이라고 인정받는 교회에 다니는 기독교인 중에서도 기독교에 대한 절대적 신뢰와 예수와 성경에 대한 믿음은 가지고 있지만, 기독교와 예수에 대해 크게 오해하고 잘못된 신앙에 빠져 있는 경우를 흔히 볼 수 있다.

의심과 오해는 다르다. 의심은 말 그대로 믿음이 확고하지 않은 상태인 것이고, 오해는 이해가 없는 상태인 것이다. 예수를 의심하는 사람은 예수의 신성과 부활이나 이적 등을 믿기 힘들어하는 반면, 예수를 오해하는 사람은 예수가 무엇을 하러 이 세상에 오셨고 우리에게 무엇을 가르치셨는지 알지 못한다. 즉 복음을 잘 이해하지 못하고, 자신이 생각하는 종교의 개념 정도로 기독교 신앙을 받아들인다. 따라서 예수의 가르침에 따라 무엇을 하며 어떻게 살아야 하는지 이해하지 못한다. 의심과 오해는 이렇게 다르다. 하지만 결과는 비슷할 수 있다.

예수를 의심 없이 메시아로 믿는다 해도, 그 메시아가 가르치신 하나님나라와 복음을 정확히 이해하지 못하고 회개하며 살아가지 않는다면 하나님의 나라를 경험하지 못할 것이고, 삶은 허무하고 무의미할 것이다. 하나님의 선택을 받았지만 하나님을 오해했던 이스라엘이나, 하나님의 선택 밖에 있었기에 하나님을 불신했던 이방인이나, 하나님의 통치 안에 살지 않으면 결과는 똑같다. "주 여호와께서 이와 같이 이르시되 이것이 곧 예루살렘이라 내가 그를 이방인 가운데에 두어 나라들이 둘러 있게 하였거늘 그가 내 규례를 거슬러서 이방인보다 악을 더 행하며 내 율례도 그리함이 그를 둘러 있는 나라들보다 더하니 이는 그들이 내 규례를 버리고 내 율례를 행하지 아니하였음이니라"(겔 5:5-6). "무릇 율법 없이 범죄한 자는 또한 율법 없이 망하고 무릇 율법이 있고 범죄한 자는 율법으로 말미암아 심판을 받으리라"(롬 2:12).

우리 안에 있는 기독교에 대한 오해에 대해 다루기 위해 다음 질문에 답해 볼 필요가 있다.

"기독교는 죽어서 천국 가는 종교인가?"

이 질문에 당신은 뭐라고 답할 것인가?

기독교는 예수 그리스도를 믿으면 죽음 이후에 영원한 생명을 누리는 천국을 가르친다. 위의 질문에 맞다고 답할 수 있을 것이다. 하지만 한국의 많은 사람들이 기독교인이건 아니건 기독교를 죽어서 천국 가는 종교라고 정의하고 있는 데에는 문제가 많다. 우선 간단히 말해 예수께서 지상에 오셔서 선포하신 복음은 하나님나라가 온다는 소식이기 때문이다.

오해 풀기:
천국은 가는 곳만이 아니라
오는 것이기도 하다.

내가 진정으로 바라는 것은 당신이 예수에 대한 해묵은 오해에서 벗어나 참된 기독교 신앙을 갖게 되는 것이다. 그 오해의 결과는 '예수가 (내세적 의미로 죽어서 가는) 천국의 안내자'라고 축소해버리는 것이다.

기독교인들에게서 쉽게 볼 수 있는 기독교 신앙의 요약은 '예수 천당(Heaven), 불신 지옥(Hell)'이다. 물론 이 말이 잘못된 것은 아니다. 하지만 지나치게 축소된 말이다. 기독교 신앙이 이렇게 축소된 결과, 우리는 죽음 이후를 대비하기 위해 예수를 믿는다고 생각하게 되었고, 이 땅에 하나님의 나라가 이루어질 것이라는 복음의 핵심이 잊혀지게 되었다.

이런 오해가 생기게 된 이유는 무엇인가? 대부분 '천국'과 '영생'(eternal life)이라는 두 단어에 대한 오해에서 기인한다. 이 두 단어는 교회에서 가장 많이 듣게 된다. 특히 새로 신앙을 갖게 된 사람들은 이 단어들을 많이 듣게 될 것이다. 전도할 때도 많이 듣게 될 것이다. 아마 우리에게 기독교를 1분 동안 소개하라고 한다면 이 두 단어를 반드시 사용하게 될 가능성이 많다. 물론 예수라는 이름과 더불어.

이 두 단어를 들으면 어떤 생각이 나는가? '천국' 하면 죽어서 가는 먼 내세의 공간이 떠오를 것이다. '영생' 하면 죽음 이후에 영원히 누리게 될 삶이 생각날 것이다. 물론 완전히 잘못된 것은 아니다. 하지만 두 단어는 훨씬 더 포괄적 의미를 가지고 있다.

예수는 세상에 오셔서 천국이 올 것이라고 선포하셨다. "이때부터 예수께서 비로소 전파하여 이르시되 회개하라 천국이 가까이 왔느니라 하시더라"(마 4:17). 예수는 하나님과 자신을 믿으면 영생을 얻는다고 말씀하셨다. "내가 진실로 진실로 너희에게 이르노니 내 말을 듣고 또 나 보내신 이를 믿는 자는 영생을 얻었고 심판에 이르지 아니하나니 사망에서 생명으로 옮겼느니라"(요 5:24).

우리가 주목해야 할 것은 천국이 '가까이 왔다'는 표현이고, 영생을 '이미 얻었다'는 표현이다. 즉, 이 두 단어가 궁극적으로는 죽음 이후에 주어질 영원한 생명까지 의미한다 할지라도, 기본적으로 예수를 믿은 이들이 이 땅에서 얻은 혹은 얻어야 할 것을 지칭한다.

예수께서 말씀하신 천국은 원래 하늘(heaven)과 같이 이 세상과 다른 장소를 연상시키는 단어가 아니다. 사실 천국은 이생과 내세를 포함하여 하나님께서 통치하시는 나라의 완곡한 표현이며, 인간이 하나님의 통치를 떠나 반역한 것의 결과가 역전 혹은 다시 원래대로 회복되는 것을 의미하는 단어다.

하나님의 이름을 부르기를 꺼려했던 유대인들에게 쓴 복음서인 마태복음에서 천국(직역하면 '하늘들의 나라')은 하나님의 나라를 대신하여 쓴 완곡어법이다. 이것이 신약성경에서 제일 먼저 등장하면서(마태복음 3-4장), 사람들의 생각 속에 막연히 내재되어 있는 죽음 이후 살아갈 장소의 개념과 결합되어 장소의 의미를 얻게 되었다. 이 단어는 신약성경에서 마태복음을 제외하면 대부분 '하나님의 나라' 혹은 '그 나라'로 표현된다. "이르시되 때가 찼고 하나님의 나라가 가까이 왔으니 회개하고 복음을 믿으라 하시더라"(막 1:15).

예수는 '하나님의 나라에 대한 소식'을 복음으로 전파하고, 자신을 통해 '이 세상에서부터' 그 나라를 누리게 하려고 오셨다. "내가 다른 마을에서도 하나님의 나라가 온다는 소식을 복음으로 전하려 하는데, 이것이 내가 이 땅에 온 이유다(필자의 역)"(눅 4:43).

물론 '천국'이라는 단어는 하나님의 나라를 누리며 살아가는 그리스도인들에게 내세에 누릴 영원한 복의 상태도 의미하며, 또한 그 나라가 존재할 장소의 의미도 갖는다. 예수가 이 땅에 천국이 임하게 하려고 오셨다면, 그분이 우리를 내세 천국으로 인도할 분이라고만 생각하는 것은 심각한 오해다.

오해 풀기:
영생은 내세만 의미하는 것이 아니라
지금 여기에서 주어지는 새로운 삶이다

요한복음에 주로 나오는 '영생'도 죽음 이후에 살아갈 불멸의 상태를 의미하는 것으로 이해되는 단어다. 에베소에서 헬라 문화권 대상으로 사역하던 요한의 복음에 주로 나오는 '영생'은 '천국(하나님의 나라)'의 헬라적 표현으로, 일차적으로 하나님의 통치를 떠나 반역한 인간에게 주어진 영적 죽음의 상태와 대조되는 영적 생명의 상태를 의미한다. 즉 '영생'은 유한한 육체의 목숨과 반대되는 영혼의 불멸을 의미하는 것이 아니라, 하나님의 통치를 떠나 살아가는 인간이 하나님의 부재 상태에서 자신의 욕망을 따라 죄 가운데 살아가며 겪게 되는 신적 복의 결여 상태(사망의 상태)에서 벗어나는 것이다.

영생은 하나님과의 영적인 교제 안에서 진정한 복을 누리며 살아가는 상태(생명의 상태)를 의미하는 것이다. 물론 '영생'이라는 단어는 이 땅에서 생명의 상태를 누리며 살아가는 하나님의 백성들의 죽음 이후에 주어질 영원한 생명도 의미한다.

예수는 영생을 주시는 분이다. 이 세상에 영생, 즉 참된 생명을 가져다 줄 분이다. 죄가 만들어낸 여러 증상들을 고치심으로 이 땅을 회복시키는 분이시다. 예수가 내세 천국의 안내자로 축소되고 왜곡되면 안 된다. 예수는 이 땅에서 우리에게 참된 생명, 복된 인생을 선물해주시는 분이며, 나아가 죽음 이후에 영원한 생명을 주시는 분이다. 두 단어에 대한 이해를 바탕으로 예수를 단순히 '내세적 천국으로의 안내자'라고 생각하는 오해에서 벗어날 수 있게 된다.

예수는 내세 천국의 안내자일 뿐 아니라, 이 세상에서 살아 있으나 죄의 도구로 물질과 쾌락의 노예로 사망의 상태에서 살아가는 인류에게 참된 생명(영생)과 하나님나라(하나님의 통치 안에서 복을 누리며 살아가는 상태)를 선물해주시는 분이다.

예수가 이 세상의 구원자라는 말은
세상의 모든 문제들이 예수로 인해 해결되어
새로운 세상이 될 수 있다는 말이다.

예수가 이 세상의 구원자(하나님이 세상을 구원하러 보내신 하나님의 아들이자 메시아)라는 말을 이해하기 위해 먼저 생각해야 할 질문이 있다. "이 세상의 진짜 문제는 무엇이며, 그 문제를 어떤 방식으로 해결할 수 있는가?" 이 질문은 세상의 철학자들과 정치인들에서부터 초야의 방랑자들에 이르기까지, 조금이라도 깨어 있는 사람이라면 누구나 고민하는 문제였다.

역사적으로 이 세상의 진짜 문제가 무엇인지에 대한 깨달음에 도달하려고 노력한 사람들은 대단히 많았다. 깊이 고민한 사람들은 세상이 고통스러운 곳이라는 결론에 이르게 되었다. 기독교는 더 분명히, 이 세상은 완전히 망가져 있으며 구원이 필요한 곳이라고 말한다. 세상의 문제는 바로 창조자이신 하나님을 떠나 자신들의 욕망대로 살아가는 인간의 죄이다. 인간 스스로 이 문제를 해결할 방법이 없는 것이다.

세상의 진짜 문제는 우리가 죄 때문에 죽어서 지옥에 가게 된다는 것 이전에 (물론 죽음 이후의 문제도 중요하지만) 악으로 가득한 이 세상에서 인류가 너무나 고통을 당하고 있다는 것이다. "피조물이 다 이제까지 함께 탄식하며 함께 고통을 겪고 있는 것을 우리가 아느니라"(롬 8:22). 더욱 절망적인 것은 그 해결책이 인간에게서 나올 수 없다는 것이다. "다른 이로써는 구원을 받을 수 없나니 천하 사람 중에 구원을 받을 만한 다른 이름을 우리에게 주신 일이 없음이라 하였더라"(행 4:12). 이 세상의 문제를 정치인이나 철학자들이 해결할 수 없다는 것은 역사가 이미 증명하고 있다.

그러면, 성경은 이 세상을 어떻게 설명하는가? 가장 좋은 설명은 온 세상이 '복의 결여 상태'에 있다는 것이다. 복의 결여 상태는 인간 스스로 만들어낼 수 없는 신의 축복이 사라진 상태, 인간 스스로가 삶에 필요한 모든 것을 만들어내야 하는 상태다. 이 상태는 인간이 하나님의 통치를 떠났기 때문에 생겼다. "아담에게 이르시되 네가 네 아내의 말을 듣고 내가 네게 먹지 말라 한 나무의 열매를 먹었은즉 땅은 너로 말미암아 저주를 받고 너는 네 평생에 수고하여야 그 소산을 먹으리라 … 여호와 하나님이 에덴동산에서 그를 내보내어 그의 근원이 된 땅을 갈게 하시니라"(창 3:17,23). 인간은 스스로 생명, 즉 진정으로 행복하고 아름다운 삶(참된 생명)을 스스로 만들어낼 수 없게 된 것이다. "이같이 하나님이 그 사람을 쫓아내시고 에덴동산 동쪽에 그룹들과 두루 도는 불 칼을 두어 생명나무의 길을 지키게 하시니라"(창 3:24).

우리가 이 세상에서 행복하게 살아갈 수 없는 것은 남들보다 능력이 부족하기 때문이 아니다. 우리 모두가 하나님을 떠나 '복의 결여 상태'에 있기 때문이다. 이 상태는 죽음의 상태라고 설명된다. "너희는 허물과 죄로 죽음의 상태에 있다(필자의 역)"(엡 2:1).

인류는 '복의 충만 상태'였던 에덴에서 쫓겨났다. '복의 결여 상태'에서 인간은 불행하게 살아간다. '복'은 인간이 스스로 만들어낼 수 없기 때문이다. 마치 아버지의 집을 떠나 먼 나라로 간 아들처럼, 우리는 하나님 아버지의 '복의 결여 상태'에서 영적 배고픔을 경험한다. 이것이 인류의 상태이다. "그 후 며칠이 안 되어 둘째 아들이 재물을 다 모아 가지고 먼 나라에 가 거기서 허랑방탕하여 그 재산을 낭비하더니 다 없앤 후 그 나라에 크게 흉년이 들어 그가 비로소 궁핍한지라"(눅 15:13-14).

세상은 계속 목마르고 배고픈 곳이다. 채워도 채워도 또 목 마르고 배고프다. 예수께서는 물과 떡을 가지고 비유적으로 설명한다. "내가 주는 물을 마시는 자는 영원히 목마르지 아니하리니 내가 주는 물은 그 속에서 영생하도록 솟아나는 샘물이 되리라 여자가 이르되 주여 그런 물을 내게 주사 목마르지도 않고 또 여기 물 길으러 오지도 않게 하옵소서"(요 4:14-15). "예수께서 이르시되 나는 생명의 떡이니 내게 오는 자는 결코 주리지 아니할 터이요 나를 믿는 자는 영원히 목마르지 아니하리라"(요 6:35). 온 세상은 신음하고 탄식하며 구원자를 필요로 하고 있다. 당신도 그렇지 않은가? 당신에게 필요한 것을 당신이 채울 수 있는가? 스스로 당신이 누구인지 정체성을 분명히 세울 수 있는가? 당신은 스스로 삶의 진정한 목표를 찾을 수 있는가? 스스로 당신의 미래에 필요한 것을 완비하여 두려움을 극복할 수 있는가? 당신은 머리 속에서 떠나지 않는 죽음에 대한 공포와 죽음 이후의 상태에 대해 답을 가지고 있는가? 당신은 진정으로 행복한 삶을 스스로 살아갈 수 있는가? 이 모든 것은 하나님만이 주실 수 있다. 이것을 복이라고 한다.

예수는 우리를 하나님의 복이 충만한 상태로 인도한다

하나님께서 우리를 사망의 상태로부터 구원하여 '복의 임재 상태'로 회복시키기 위해 보내신 분이 바로 구원자이신 예수이시다. 예수는 이 세상의 문제를 어떻게 해결하는가? 자신의 생명을 내어 주시고 죽으시고 부활하사, 우리가 하나님과 그 아들 예수 그리스도를 믿고 주로 영접하면 하나님의 백성으로 회복시키시고, 성령의 인도하심으로 말씀을 따라 하나님의 통치로 들어감으로 새로운 생명을 누리게 하는 것이다.

우리는 예수님을 믿으면 우리가 누구인지 분명히 알 수 있다.

우리가 예수님을 믿으면 하나님께서 주신 삶의 목표를 찾을 수 있다. 우리가 성령 안에서 하나님의 뜻을 따라 살아가면 하나님께서 놀라운 복으로 풍성하게 우리의 삶을 채우시며, 우리를 통해 우리의 이웃과 세상을 풍요롭게 하신다. 이것이 삶에서 실제로 이루어지는 것이 하나님나라이며, 기독교 신앙이 늘 어디서나 강력한 힘을 발휘하는 것은 이 구원의 실재를 경험한 사람들이 수없이 많기 때문이다.

예수는 우리를 이 험한 세상에서 저 먼 곳에 있는 내세의 천국으로 끌어 올리는 방식으로 세상의 문제를 해결하지 않으신다. 예수는 이 세상의 죄의 문제를 '죽으시고 부활한 자신을 믿고 회개하여 성령을 따라 하나님의 통치를 따라 살아가게 함'으로 해결하시고, 순종하는 백성들을 통해 이 세상에 하나님 나라의 복이 임하게 하는 방식으로 문제를 해결하신다. 그리고 나아가 그 하나님의 백성을 통해 이 땅에 하나님의 나라를 구현해나가는 방식으로 세상을 구원하신다. "피조물이 고대하는 바는 하나님의 아들들이 나타나는 것이니… 그 바라는 것은 피조물도 썩어짐의 종 노릇 한 데서 해방되어 하나님의 자녀들의 영광의 자유에 이르는 것이니라"(롬 8:19, 21).

예수는 죽음으로 하나님의 백성을 새롭게 창조하시고 하나님의 통치 가운데로 초청하심으로 우리에게 하나님의 복을 누리게 하신다. 이것이 바로 이 세상을 죄로부터 구원하는 방식이다. "아들을 낳으리니 이름을 예수라 하라 이는 그가 자기 백성을 그들의 죄에서 구원할 자이심이라 하니라"(마 1:21). 그렇게 우리는 세상에서 하나님의 '복의 임재 상태'를 미리 살아가며, 하나님의 복음으로 이 세상을 '복의 임재 상태(샬롬)'로 이끌게 된다. 이렇게 우리가 누리게 될 하나님의 복의 임재 상태가 '천국'이며 '영생'이다.

그러므로 예수는 이 세상의 문제를 해결할 수 있는 세상의 구원자이시다. "오늘 다윗의 동네에 너희를 위하여 구주가 나셨으니 곧 그리스도 주시니라"(눅 2:11). 구원자이신 그가 하나님께서 보내신 신이라는 것은 논리적으로도 당연한 것이다. 이 세상의 누구도 구원자로서의 메시아가 될 수 없기 때문이고, 하나님을 반역하여 죄와 사망의 상태에 놓인 이 세상을 구원할 메시아는 '신'일 수밖에 없기 때문이다. 구원자 예수 그리스도(메시아)만이 죄로 신음하는 인류와 그 인류가 만들어낸 수많은 악한 구조와 문제들을 해결하고, 이 땅에 진정한 복을 가져올 수 있다.

기독교는 현재의 문제를 해결하고 영원한 생명으로 인도하는 참된 신앙이다

예수는 단순히 천국의 안내자가 아니라 이 세상의 구원자이시다. 도저히 해결할 수 없는 문제에 봉착하여 '복의 결여 상태'에 있는 우리에게 진정한 천국(하나님의 나라)을 선물하시는 구원자이신 것이다. 나아가 죽음 이후에도 우리의 영원한 부활과 내세의 복을 보장하는 부활의 주님이시다.

따라서 기독교는 단순히 죽어서 천국 가는 종교가 아니다. 지금 여기에서 우리가 겪고 있는 근본적인 문제를 해결하며, 죽음 이후 영원한 생명으로 인도하는 참된 신앙이다. 예수님을 믿고 하나님나라와 영생을 경험하면 예수님을 진정한 구원자로 전하지 않을 수 없게 되는 것이다.

믿고 싶은 그대를 위해 ⑤

- 의심과 오해는 다르지요. 의심은 믿음이 확고하지 않은 상태인 것이고, 오해는 이해가 없는 상태입이다. 하지만 결과는 비슷할 수 있습니다.

- 예수가 이 땅에 천국이 임하게 하려고 오셨다면, 그분이 우리를 내세 천국으로 인도할 분이라고만 생각하는 것은 심각한 오해가 아니겠습니까?

- 기독교는 단순히 죽어서 천국 가는 종교가 아닙니다. 지금 여기에서 우리가 겪고 있는 근본적인 문제를 해결하며, 죽음 이후 영원한 생명으로 인도하는 참된 신앙입니다.

기독교는 소원을 이뤄주는 샤머니즘 아닌가요?

결혼을 하게 된 자매가 있었다. 그것도 아주 좋은 조건을 가진 청년과 말이다. 같은 교회 청년부에 소속되어 있던 많은 다른 자매들이 결혼 스토리에 관심을 가지고 온갖 질문을 쏟아냈다.

"어떻게 그 형제를 만나게 되었는가?" 하는 질문에 초점이 모아졌다. "기도하니까 주셨다"는 답변에 많은 자매들이 부러운 마음으로, 그 믿음에 감동하며 은혜도 받고, 기도하지 않은 자신을 자책하면서 어떻게 기도했냐고 물었다.

"정말 구체적으로 기도했어요. 키와 몸무게, 출신학교와 경제적 능력까지. 그런데 한 가지를 빠트렸어요. 머리숱 많게 해달라고 기도했어야 하는데, 약간 탈모가 있어요."

실제로 이런 이야기들은 교회들마다 많다. 교인들의 모임 등을 통해서 많이 퍼지는 이야기들 중 하나다. 기독교 신앙이 무엇인가에 대해 참 많은 고민을 던져주는 이야기가 아닐 수 없다.

기도하는 대로 소원이 이루어질까?

예수님을 믿고 진정한 그리스도인으로 하나님나라를 누리기 위해 우리가 넘어서야 할 또 다른 오해는 기독교가 '열심히 기도하면 소원을 이뤄주는 종교'라는 것이다. 종교적 열심을 통해 신을 움직여 소원을 이루려는 샤머니즘으로 기독교를 오해하는 것이다. 아무런 맥락 없이, 기독교 신앙에 대한 큰 틀이 없이, 다음과 같은 말씀을 통해 오해에 빠질 수 있다. "또 여호와를 기뻐하라 그가 네 마음의 소원을 네게 이루어 주시리로다"(시 37:4). 여기에 비결이 덧붙는다. 조금도 의심하지(?) 말고 이루어질 줄로 확실히 믿고 기도해야 하는 것이다. "그러므로 내가 너희에게 말하노니 무엇이든지 기도하고 구하는 것은 받은 줄로 믿으라 그리하면 너희에게 그대로 되리라"(막 11:24). 또한 낙심하지 말고 이루어질 때까지 기도해야 한다. "예수께서 그들에게 항상 기도하고 낙심하지 말아야 할 것을 비유로 말씀하여"(눅 18:1). 심지어 정성껏(?) 기도를 올리기 위해 새벽기도를 하루도 빠지지 않고 천일 동안 해야 한다고 생각한다. "이에 왕이 제사하러 기브온으로 가니 거기는 산당이 큼이라 솔로몬이 그 제단에 일천 번제를 드렸더니 기브온에서 밤에 여호와께서 솔로몬의 꿈에 나타나시니라 하나님이 이르시되 내가 네게 무엇을 줄꼬 너는 구하라"(왕상 3:4-5). 여기에 극적인 기도 응답의 간증들이 덧붙으면 기독교 신앙과는 거리가 먼 '기도응답신앙'(?)이 탄생한다.

기독교 신앙은 하나님나라 신앙이다. 하나님나라 신앙에서 기도는 매우 중요하다. 기독교의 기도는 예수님을 믿고 회개를 통해 새로운 삶을 살아가며 하나님나라를 누리는 과정에서 하나님과 교제하는 통로이기 때문이다. 그러나 마음을 다스리는 명상이나 소원을 비는 샤머니즘 기도와는 분명히 다르다. '무엇이든지 간절히 바라면 이루어진다' 식의 기도, '지성이면 감천'이라는 식의 기도는 기독교 신앙과 좀 거리가 있다. 물론 우리의 기도가 어느 정도 종교적 특성을 가질 수밖에 없지만, 이 오해는 풀고 가야 할 중요한 내용이다.

물론 성경은 우리에게 기도하라고 가르치신다. 자신의 소원을 말하는 기도자들의 예도 성경에 많다. 아들을 달라고 간절히 기도한 한나가 우선 떠오른다. 인간이 신에게 소원을 아뢰는 것은 너무나 당연하다. 이렇게 기도하는 것은 인간의 본성이다. 하나님께서 꼭 옳은 기도만 요구하시거나, 우리 모두가 늘 하나님나라만 구할 수 있는 것도 아니다. 어떤 기도든 하는 것이 안 하는 것보다는 낫다.

하지만 하나님은 열심히 기도하면 소원을 성취해주시는 신이 아니다. 기독교는 소원을 이뤄주는 샤머니즘이 아니다. 삼위일체 하나님은 자기의 뜻대로 구원하는 분이시다. 즉, 기독교는 하나님의 구원의 종교다. 기독교의 하나님을 우리의 소원을 들어주는 신으로 믿으면 신앙에 큰 문제가 생긴다. 우리가 잘못된 방향으로 종교 생활을 하게 만들 수 있고, 자기 욕망에 휩싸여 욕구 불만에 머무는 성도가 될 수도 있다.

하나님은 통치에 순종하는 자의 기도를 들으신다

위에서 언급한 구절들에 대해 다시 살펴보자. 위의 구절들은 정말 개개인이 소원을 아뢰면 응답받는다는 뜻일까? 시편 37편 4절(또 여호와를 기뻐하라 그가 네 마음의 소원을 네게 이루어 주시리로다)은 악한 자들이 주변에 가득한 상황에서도 (심지어 그들이 득세하는 상황에서도) 여호와를 기뻐하면 (여호와 하나님의 말씀을 사랑하며 그 뜻대로 사는 것이 옳다는 것을 끝까지 고수하면) 그러면 (네가 알지 못할 수도 있는, 그러나 진정으로 바라는) 마음의 소원을 이루실 것이라는 것이다. 여기에 정성을 다해 소원을 아뢰면 기도를 들으실 것이라는 말은 없다.

마가복음 11장 24절(그러므로 내가 너희에게 말하노니 무엇이든지 기도하고 구하는 것은 받은 줄로 믿으라 그리하면 너희에게 그대로 되리라)

은 '무엇이든지 된 줄로 믿고 기도하면 이루어진다'는 말씀이 아니다. 미리 확신을 가지면 반드시 이루진다는 말이 아니다. 부자가 될 것이라고 믿고 기도하면 부자가 된다? 이런 말씀이 아니다. 이 말씀은 하나님께서 원하시는 열매를 맺지 않는 유대인들을 비유하는 무화과나무가 마른 것을 지적하는 제자들에게 예수께서 하신 말씀이다. 하나님께서 메시아인 예수 자신을 통해 구원을 이룰 것이라는 사실을 믿으라는 의미를 담고 있다.

누가복음 18장 1절(예수께서 그들에게 항상 기도하고 낙심하지 말아야 할 것을 비유로 말씀하여)은 아무 소원이나 끈질기게 기도하라는 말씀이 아니다. 하나님의 구원을 고대하고 바라는 사람은 낙심하지 말고 계속 소망을 가지라는 뜻이다. 하나님께서 자신의 구원을 이루실 것을 끝까지 믿고 신뢰하라는 말씀이다.

열왕기상 3장의 솔로몬의 일천 번제 이야기는 정말 많이 오해되는 말씀이다. 여기에서의 핵심은 솔로몬이 제물을 불에 태워 드리는 번제를 천 번이나 드린 것에 있는 것이 아니다. 하나님을 사랑하고 하나님의 뜻을 벗어나지 않는 것에 있다. "솔로몬이 여호와를 사랑하고 그의 아버지 다윗의 법도를 행하였으나"(왕상 3:3). 이 이야기의 핵심은 정성을 바친 것이 아니다. 정성을 바쳤다고 하나님께서 소원을 들어준 이야기도 아니다.

솔로몬은 여호와를 사랑하고 아버지 다윗의 법도를 따라 행했고, 성전이 없어서 기브온의 산당에서 성전에서 드려야 할 제사를 드렸을 뿐이다. 솔로몬은 하나님께서 주신 왕의 사명을 감당하고, 이스라엘을 하나님께서 다스리는 나라로 세워가기 위해 지혜를 구했다. 하나님께서는 자신의 뜻에 합당했기에 그것을 주신 것이다. 즉, 솔로몬이 하나님을 사랑하며 아버지 다윗과 같이 하나님의 말씀을 따라 행했기에, 하나님께서 그에게 왕의 직분에 필요한 통치의 지혜를 주신 것이다.

굳이 솔로몬의 기도를 왜 들어주셨는가에 대해 이야기하자면, 솔로몬의 구하는 것이 하나님의 마음에 들었기 때문에, 즉 솔로몬을 통해 하나님께서 하시려는 인류 구원의 계획에 솔로몬의 기도가 합당하였기 때문이다. "주께서 택하신 백성 가운데 있나이다 그들은 큰 백성이라 수효가 많아서 셀 수도 없고 기록할 수도 없사오니 누가 주의 이 많은 백성을 재판할 수 있사오리이까 듣는 마음을 종에게 주사 주의 백성을 재판하여 선악을 분별하게 하옵소서 솔로몬이 이것을 구하매 그 말씀이 주의 마음에 든지라"(왕상 3:8-10). 하나님은 이후 솔로몬에게 자신의 계획대로 움직일 것을 미래를 담보로 하여 요청하신다. "네가 만일 네 아버지 다윗이 행함 같이 내 길로 행하며 내 법도와 명령을 지키면 내가 또 네 날을 길게 하리라"(왕상 3:14).

하나님은 우리가 구하는 대로 무조건 소원을 이루시는 신이 아니라, 하나님의 뜻대로 기도하게 하시며 우리가 상상할 수 없는 구원을 뜻대로 이루시는 분이시다. 하나님과 그의 아들 예수 그리스도는 우리의 소원을 들어주시는 개인의 신이 아니다. 기독교인들은 자신의 소원을 들어주는 신주단지 모시듯 하나님과 성경을 모시면 안 된다. 이 모든 가르침의 더 큰 맥락에 예수께서 전하신 하나님나라가 있다. 또한 그 나라에 들어가기 위해 하나님의 통치에 순종하는 진정한 회개가 있어야 함을 전제로 하고 있다. 하나님은 통치에 순종하는 이들의 기도를 들으신다. 그래야만 온 세상에 하나님의 구원이 임하기 때문이다.

하나님이 기도하는 대로 들어주시는 분이라면 심각한 문제가 발생한다

만약 하나님이 우리가 기도하는 대로 무조건 들어주시는 분이라면 심각한 문제가 발생한다. 우선 인류에게 하나님의 구원은 요원해질 것이다. 성경의 가장 큰 전제는 인간이 하나님의 뜻을 떠나 심각하게 타락해 있다는 것이다. 우리는 하나님의 뜻에 반하여 살아가고 있으며, 예수를 믿는 기독교인들도 대부분 이러한 상황에서 크게 다르지 않다. 지독한 이기심과 자기중심성에서 벗어나지 못하고, 자신의 악한 뜻을 신의 뜻으로 포장하는 자들도 매우 많다. 그런 우리가 품고 있는 개인적인 소원들이 다 이루어진다면, 죄인을 변화시키고 나아가 이 세상을 회복시키려는 하나님의 구원 계획은 오히려 뒷걸음질치고 말 것이다. 우리 모두는 더욱 불행해지고 말 것이다. 하나님의 구원은 하나님의 통치를 거부하고 자신의 욕망대로 살아가려는 우리의 문제를 해결하려는 하나님의 뜻에서 시작된다.

우리 모두가 자신의 소원을 아뢰고 이뤄지길 기도하는 것이 얼마나 비상식적인지, 얼마나 하나님의 계획에 반하는지 생각해보자. (물론 자신의 소원을 아뢰는 것은 어느 정도 우리에게 피할 수 없는 일이며, 하나님께서 이뤄주시지 않더라도 소원을 가지고 기도하는 것은 충분히 가능한 일이다. 또한 우리가 하나님의 뜻을 따라 기도한다고 가정할 때, 기도는 반드시 우리의 기도대로 이루어진다는 것을 미리 말하고 논리를 진행시키자.)

우리 모두가 자신의 사업이 잘 되게 해달라고 기도할 텐데, 여기에 그대로 응답하시려면 세상은 사업하는 사람들의 물건을 사 줄 바이어들로 가득해야 할 것이다. 이것은 불가능한 이야기다. 비상식적이라는 말이다. (물론 이런 글이 당장에는 독자들의 신앙을 떨어트리게 될지도 모른다. 하지만 궁극적으로는 하나님의 구원을 경험하는 참된 신앙으로 이끌게 되리라 믿는다.) 또한 아무리 기독교인이라도 사업을 위해 열심히 일하는 사람만 기도하지는 않을 것이기에, 게으른 사업가들의 기도도 들으신다면 이것은 하나님의 공의를 깨트리는 일이다. 만약 이런 식으로 기도를 통해 소원이 이루어진다면 교회에는 불로소득을 바라는 자들로 가득하게 될 것이다. 이 세상은 더욱 악해질 것이다. 교회는 세상의 비난을 한 몸에 받게 될 것이다. (이미 한국교회는 일정 부분 이런 상황에 들어서 있는지도 모른다.)

다른 이야기도 해보자. 서두에서 예로 든 것처럼 청춘 남녀들이 모두 좋은 배우자를 달라고 기도한다. 하지만 세상은 알다시피 죄인으로 가득 차 있다. 믿음으로 성숙한 이들도 있겠지만 모두 죄인이라는 말이다. 모두 좋은 배우자를 구하는데 좋은 배우자는 많지 않을 테니 (거의 없을 수도 있다.) 수급에 큰 문제가 생길 것이다. 게다가 원하는 배우자상이 우리에게 정말 좋은 배우자인지도 알 수 없다. 원하는 배우자가 나타나지 않는다면 응답하지 않으셨다고 생각할 수도 있다. 하나님께서 골치 꽤나 아프실 것이다. (하나님의 지혜를 믿지 않는 것이 아니다.) 지금 인류의 상태에서는 응답되기 어려운 기도라는 것이다. 하나님께서 좋은 배우자를 위해 기도하는 사람에게 '내가 이미 네 주위에 많은 후보감들을 주었다'고 말씀하실 것 같다. 너무 고르지는 않았는가? 마음에 안 든다고 불평하지 않았는가?

만약 날마다 좋은 날씨를 주시라고 기도하는 성도들이 있고 하나님은 그 소원을 이뤄주신다면, 인류는 가뭄의 큰 재앙에서 벗어나지 못할 것이다. 날마다 비를 주시라고 기도하는 우산 장사들의 소원을 들어주신다면 세상은 우울증 환자로 가득하게 될지도 모른다. 심지어 교회가 부흥하게 해달라는 모든 목회자들의 소원을 하나님께서 들어주시게 된다면 목회자들이 열심히 전도할 필요도 없을 것이다. 많은 사람들이 부르심도 없이 목회자가 되려 할 것이고, 성직자의 특권이 지나쳤던 중세 시대와 같은 혼란(사제의 특권을 누리려고 많은 사람들이 자식들이나 친척들에게 사제가 되게 하려 했던, 그래서 성직자 독신제로의 개혁을 유발했던 그 혼란)이 가중될 것이다.

하나님의 구원 방법은 우리 생각과 다르다

우리는 모두 기도 응답을 원한다. 필자도 마찬가지다. 하나님께서 우리의 절망적인 상황을 해결해주시길 소망한다. 하지만 중요한 것은 하나님의 방법이 우리의 생각과 다르다는 것이다. 우리는 때로 이기적인 욕심이 채워지길 기도하고 그것이 이루어지기를 간절히 바란다. (물론 이렇게 무지한 것이 더욱 인간적인 것이겠지만) 하지만 하나님께서는 더욱 완벽한 방법으로 구원을 이루시며, 우리의 기도가 때로 응답되지 않는 방식으로 우리의 소원을 이루신다. 성령을 성도의 마음에 보내셔서 성령의 인도하심을 따라 살아가는 백성으로 변화시키심으로 이 땅에 하나님의 구원을 이루어가신다. (이것은 우리가 생각하는 구원의 방법과 전혀 다르다. 따라서 성경을 깊이 연구하고 가르치는 수고가 있어야 깨달을 수 있다.)

우리가 변화되지 않은 채로 소원을 아뢰고 그 소원을 하나님께서 들어주신다면 세상은 지금보다 더 혼란스럽게 된다. (변화되지 않은 우리의 기도는 어느 종교에나 있는 '신에게 소원 아뢰기'라고 표현하는 것이 더 맞다.) 공부 안 하는 자식도 다 좋은 대학 보내달라고 하는 부모의 소원이 이루어진다면 누구도 성실히 노력하면서 인생을 살아가려 하지 않고 예배당에 모여 기도만 할 것이다. 그렇다면 이 세상은 노력하지 않고도 성공하는 사람이 넘쳐날 것이고, 우리가 사는 세상은 지금보다 더 악한 세상이 되고 말 것이다. 사람들의 필요를 채울 수 있는 아이템을 개발함으로 사업에 성공하려 하지 않고 기도만 하면 이뤄주실 것이라 생각한다면, 그리고 그 기도를 하나님께서 들으신다면 이 세상은 이른바 노력하지 않는 사업가(혹은 사기꾼)로 넘쳐날 것이다.

물론 위의 예들이 조금 과장되었거나 비약적인 것은 사실이다. 하지만 내가 무슨 말을 하려 하는지는 독자들이 판단할 수 있으리라 본다. 누군가는 여기서 하나님은 불가능이 없다고 말할 것이다. 하나님에게 불가능이 없다는 말은 옳은 진술이지만 아무데나 적용해서는 안 된다. 성경을 언급하지 않더라도 하나님은 악한 자의 소원을 들어주려고 능력을 사용하지는 않으실 것이다.

일반적으로 우리는 주 안에서 온전히 변화되기 전까지는 악한 자인데, 악한 자의 소원을 들어주시는 신은 참된 신일 리 없다. 이 시대에 신의 뜻으로 전 세계적으로 자행되는 수많은 테러들과, 중세 시대에 포교라는 명목으로 자행했던 제국주의적 침략들은 신이 그들의 기도를 들어주신 결과가 아니다. 신의 반대에도 불구하고 악한 자들이 자신들의 욕망을 위해 벌인 범죄들이다.

기독교는 소원을 이뤄주는 샤머니즘이라는 (아무도 직접적으로 가르친 적이 없어 보이는) 오해는 우리가 넘어서야 할 유혹이다. 악한 선지자들은 대중의 소원들을 메시지로 전환하는 데 선수가 아니었던가? 여전히 그러한 선수들이 많은 것 같다.

인간의 기도를 넘어서는 방법으로 구원을 베푸시는 하나님을 신뢰하는 신앙이 기독교다

기독교 신앙은 자신의 소원을 성취하는 만능열쇠가 아니다. 그렇다면 삼위일체 하나님은 우리의 기도를 듣지 않으시는가? 물론 모든 것을 듣고 계신다. 하나님께서는 우리의 탄식하는 숨소리까지도, 때로는 우리의 무리한 기도, 미성숙한 부르짖음도 들으신다. 그리고 우리의 기대를 넘어서는 전혀 다른 방법으로 구원을 베푸심으로 우리의 기도를 놀랍게 이루신다. 한나에게 자녀가 없는 고통을 주셨고, 그 고통 속에 자녀를 하나님께 드릴 수 있는 믿음을 주셨고, 자녀를 하나님께 드렸을 때 그 자녀를 통해 이스라엘을 부흥하게 하셨다. 물론 나중에 한나에게 더 많은 자녀들을 주셨다. 하나님은 얼마나 놀라운 방식으로 온 인류의 구원을 이루시며 개인의 기도에도 응답하시는가?

하나님은 우리의 기도를 들으시는 분이다. "여호와께서 내 음성과 내 간구를 들으시므로 내가 그를 사랑하는도다 그의 귀를 내게 기울이셨으므로 내가 평생에 기도하리로다"(시 116:1-2). 그는 우리의 소원에 매우 관심이 있으시다. "또 여호와를 기뻐하라 그가 네 마음의 소원을 네게 이루어 주시리로다"(시 37:4). (이 말씀이 이전과는 다르게 읽히길 소망한다.) 그러나 하나님은 우리의 소원을 접수해서 무조건 응답하시지는 않는다. 하나님은 엄청난 지혜로 인류를 구원하고 세상을 회복하시는 방식으로 기도를 들으시고 응답하신다. "하나님이 세상을 이처럼 사랑하사 독생자를 주셨으니 이는 그를 믿는 자마다 멸망하지 않고 영생을 얻게 하려 하심이라"(요 3:16). 이 사실을 깨닫게 되면 진정한 소망이 생길 것이다. 자신의 욕망에서 발원하는 소원을 이뤄달라고 기도하는 대신, 때로 자신이 기도한 것이 응답되지 않더라도 하나님의 구원 계획에 자신을 맡기는 삶을 살아가게 될 것이다.

하나님께서는 절망적인 상황에 살고 있어서 하나님께 신음할 수밖에 없는 우리의 사정을 잘 아신다. 하나님을 떠나 허망함 속에 살아가는 우리의 사정도 잘 아신다. 저주 받은 땅에서 결핍을 경험하며 살아가는 우리의 현실을 꿰뚫고 계신 것이다. 결핍 속에서 자신의 욕망을 따라 만들어낸 악한 구조의 문제 또한 잘 아신다. "흑암에 행하던 백성이 큰 빛을 보고 사망의 그늘진 땅에 거주하던 자에게 빛이 비치도다"(사 9:2). 그리고 이 땅을 회복하실 구원자를 예고하셨고, 아들 예수를 메시아로 세상에 보내셨다. 하나님의 구원 방식은 우리의 상상을 뛰어 넘는다.

예수를 우리의 구원자로 영접하고 성령을 따라 하나님을 사랑하고 이웃을 사랑하면 우리의 욕망대로 살아가며 생기는 모든 문제에서 놓임을 받고 우리의 모든 소원이 이루어지는 놀라운 경험을 할 수 있다. 내 생각과 기도가 문자적으로 이루어지지 않아도 하나님을 신뢰하는 데 아무 문제가 없게 된다. 이러한 삼위일체 하나님의 구원의 특성을 이해하는 데에는 많은 노력이 필요할 것이다. 왜냐하면 하나님의 길이 우리의 길과 다르기 때문이다. "이는 내 생각이 너희의 생각과 다르며 내 길은 너희의 길과 다름이니라 여호와의 말씀이니라 이는 하늘이 땅보다 높음 같이 내 길은 너희의 길보다 높으며 내 생각은 너희의 생각보다 높음이니라"(사 55:8-9).

간단히 이렇게 말할 수 있을 것 같다. 하나님은 우리의 정제되지 않은 기도를 문자 그대로 들어주시는 분이 아니라, 우리의 궁극적이고 진정한 소망을 이루어주시는 분이다. 진정으로 자녀를 사랑하는 부모라면 아이의 인생을 위한 궁극적 답을 가르치고 필요한 것을 공급하지, 해달라는 대로 아무 요구나 들어주지는 않을 것이다.

우리의 기도는
하나님의 의로우신
성품에 근거하여 응답된다

우리의 소원은 이 세상에 하나님의 뜻이 이루어지는 것이다. 이 세상이 더 아름다워지는 것이며, 우리가 하나님의 뜻을 따라 복된 삶을 살아가는 것이다. 우리의 소원은 그런 것이어야 한다. 그것이 아니라면 우리의 소원은 세상 풍조를 따르는 악한 욕망일 수도 있다. 우리가 하나님의 구원의 방법을 계시를 통해 깨닫고 하나님의 뜻을 따라 살아가는 일에 초점을 맞추면 놀라운 방법으로 우리의 결핍을 채우시고 우리의 소원을 만족시키실 것이다.

기독교는 하나님의 의로우신 성품에 근거한다. 하나님께서는 모든 일을 하나님의 의로우신 성품에 따라 행하신다. 하나님의 의로우심은 하나님의 성품뿐 아니라 그의 행위를 묘사하는 말이다. 하나님께서는 자기 백성을 위해 악한 일을 행하는 분이 아니시다. 하나님은 자기 백성을 택하시고 그들에게 하나님의 말씀에 순종하게 하신다. 하나님의 말씀에 순종하는 자기 백성의 의로움을 통해 악한 세상을 회복하는 복을 내리신다(신명기 27-28장, 레위기 26장). 따라서 선지자들은 하나님의 의로우신 성품에 근거하여 자신들의 악을 회개하고 긍휼을 베풀어달라고 기도한다. "온 이스라엘이 주의 율법을 범하고 치우쳐 가서 주의 목소리를 듣지 아니하였으므로 이 저주가 우리에게 내렸으되 … 그러하온즉 우리 하나님이여 지금 주의 종의 기도와 간구를 들으시고 주를 위하여 주의 얼굴 빛을 주의 황폐한 성소에 비추시옵소서"(단 9:11,17).

따라서 우리는 하나님의 의로운 성품에 근거할수록 좋은 기도를 하게 될 것이다. 하나님께서는 진정으로 죄를 돌이키며, 예수 안에서 새로운 삶을 살아가는 자들에게 복을 내리신다. 기독교 신앙은 예수를 믿고 하나님께서 기뻐하시는 삶을 살아가는 백성을 통해서 하나님의 복이 이 땅에 임하게 된다는 것을 믿는 신앙이다. 자신의 삶과 상관없이 기도를 통해 소원을 이루려는 생각은 하나님의 구원에 반하는 악한 시도이다. 자기의 기쁘신 뜻대로 우리를 구원하시는 하나님과 그의 아들 예수 그리스도를 진실한 마음으로 믿고 바라보며, 헛된 욕망과 소원을 좇지 말고 진정한 하나님의 구원을 체험하는 우리가 되길 소망한다. "모든 육체가 하나님의 구원하심을 보리라 함과 같으니라"(눅 3:6).

믿고 싶은 그대를 위해 ⑥

- 기독교의 기도는 예수님을 믿고 하나님나라를 누리는 과정에서 하나님과 교제하는 통로입니다. 마음을 다스리는 명상이나, 소원을 비는 샤머니즘 기도와는 분명히 다르지요.

- 기독교인은 자신의 소원을 들어주는 신주단지 모시듯 하나님과 성경을 모시면 안 됩니다. 이 모든 가르침의 더 큰 맥락에는 예수께서 전하신 하나님나라가 있습니다.

- 우리가 하나님의 뜻을 따라 살아가는 일에 초점을 맞추면 놀라운 방법으로 우리의 결핍을 채우시고 우리의 소원을 만족시키실 것입니다.

3부

이해되는 기독교

일곱 번째 이야기

그러면, 기독교의 참된 진리는 뭐예요?

나는 대학교 때 독일문학을 전공했다. 4학년 졸업하기 직전 마지막 학기 전공 수업 시간에 책을 읽고 리포트를 쓰게 되었다. 장 폴 사르트르의 〈문학이란 무엇인가〉였다.

처음 리포트 과제를 받고 이런 생각이 들었다.

'이 책은 1학년 때 읽어야 하는 것 아닌가? 문학이 무엇인지 알려면 문학을 전공해야 되는 것이 아닌가?'

책을 읽으면서 깨닫게 되었다.

'1학년 때 읽었다면 전혀 이해하지 못했겠구나!'

무엇인가를 정의한다는 것은 매우 어려운 일이다. 교회가 무엇인지 다 알고 교회를 다니는 것이 아니다. 복음이 무엇인지 다 알고 예수를 믿는 것은 아니다.

그러나 오래 교회를 다니고 예수님을 믿는다고 말한 지 오래 되어도 복음이 무엇인지, 교회가 무엇인지 전혀 모른다면 문제가 있다.

내가 사역하면서 많이 들었던 행복한 말이 있다.

"목사님을 만나서 복음이 무엇인지, 성경 전체가 어떤 내용인지 알았습니다. 나아가 기독교가 어떤 진리를 주장하는지 알게 되었습니다."

이제 우리도 조금이나마 정리해야 할 때가 왔다.

의심과 오해를 넘어서 기독교의 참된 진리로

지금까지 예수에 대한 의심과 오해들에 대해 다루어 보았다. 의심의 안개와 오해의 장애물들을 넘으면 성경이 보이고 복음이 보이고 기독교의 참된 진리가 보인다. 우리는 교회를 다녔거나 다니면서도 예수와 성경과 기독교에 대해 의심하거나 오해해왔다. 그 피해는 고스란히 우리에게 돌아온다. 예수 그리스도께서 가져온 구원의 풍성함을 누리지 못하는 것이다. "… 내가 온 것은 양으로 생명을 얻게 하고 더 풍성히 얻게 하려는 것이라"(요 10:10b). 사실은 기대조차 하지 못한다. 별 유익이 없는 세상의 가르침들에 의지하여 살게 된다. 그렇게 스스로 알지 못하는 사이에 우상숭배자가 되었다. 우리에게 꼭 필요한 복을 세상에서 찾는 모든 행태가 우상숭배이다.

이 세상은 하나님의 복이 없는 상태에서 신음하고 있다. 이것은 예수를 의심하는 교회 밖에서만 일어나는 일이 아니다. 예수를 오해하는 교회 안에서도 버젓이 일어나고 있다. 이런 우상숭배를 극복하기 위해 모든 것이 비판적으로 검토되는 이 시대에 누가와 같은 열정이 필요하다. "그 모든 일을 근원부터 자세히 미루어 살핀 나도"(눅 1:3).

예수에 대한 오해들을 풀고 성경에 대해 좀 들어볼 마음이 생겼다면, 기독교의 참된 진리가 무엇인지 간략하게나마 살펴보자. 지금까지 주로 예수와 성경, 기독교에 대한 의심과 오해들에 대해 반박 차원에서 살펴보았다면, 이 장에서는 기독교의 참된 진리가 무엇인지 성경 전체의 이야기에 고루 관심을 두며 종합적으로 정리하려고 한다.

하나님의 창조

우리의 이야기는 창조에서 시작되어야 한다. 하나님께서 세상을 창조하셨다. 이것은 참 부인하기 어려운 사실이다. 창조를 과학적으로 입증하는 것이 어렵긴 하지만, 창조를 부인하고 다른 방식으로 우주의 시작을 추론해내기는 훨씬 어렵기 때문이다. (나는 개인적으로 창조를 과학적으로 입증할 필요가 없다고 생각한다. 창조는 믿음의 영역이며, 창조를 부인할 다른 명백한 증거가 없는 한 창조는 독립적으로 설득력을 가질 수 있기 때문이다.)

하나님께서는 창조하는 과정에서 인간에게 복을 주셨다. 사실 세상 만물을 창조하신 이유는 자신의 형상인 인간에게 복을 주시기 위함이다. "하나님이 자기 형상 곧 하나님의 형상대로 사람을 창조하시되 남자와 여자를 창조하시고 하나님이 그들에게 복을 주시며 하나님이 그들에게 이르시되 생육하고 번성하여 땅에 충만하라 … 모든 생물을 다스리라"(창 1:27-28). 복은 피조물이 살아가는 데 필요한 모든 것이다. 즉, 복은 피조물이 스스로 만들어낼 수 있는 것이 아니라 창조주에게서만 받을 수 있는 것이다. 마치 아이가 모든 필요를 부모에게서만 얻을 수 있는 것처럼.

사랑, 정체성의 근거, 삶의 목표, 삶의 방식에 대한 가르침, 필요한 것에 대한 공급이 모두 복이다. 하나님은 인간에게 복을 주시며 말씀, 즉 명령하신다. 인간의 복은 하나님의 창조 목적에 인류가 순종할 때 주어지는 것이다. 창조 목적은 모든 피조세계에 하나님의 통치를 대행하는 것이다. 예를 들어, 가정의 가장(家長)은 가정에 자신의 뜻이 아니라 하나님의 뜻이 이루어지도록 해야 한다. 이것이 대행(代行)이다.

창조는 우리에게 두 가지를 알려준다. 인간은 하나님의 복이 필요한 존재라는 것이며, 복을 얻기 위해 하나님의 통치를 대행하며 살아야 한다는 것이다. 인간이 하나님의 피조물의 위치에서 창조주 하나님께 순종하며 하나님의 통치를 대행하는 사명을 따라 살아갈 때, 인간은 스스로 만들어낼 수 없는 신적인 복을 공급

받으며 살아가게 된다는 것이다. 이것이 에덴이다.

인간의 타락

인간은 뱀의 유혹을 받아 하나님을 반역하게 되었다. 흔히 '타락'이라고 알려진 너무나 짧고 신비하고 유명한 이야기가 주어졌다. 중요한 것은 이 사건의 본질이 인간이 하나님의 위치에 오르려는 시도였다는 것이다. *"너희가 그것을 먹는 날에는 너희 눈이 밝아져 하나님과 같이 되어 선악을 알 줄 하나님이 아심이니라"*(창 3:5). 타락은 인간이 하나님의 피조물의 위치에서 창조주 하나님께 순종하며 하나님의 통치를 대행하는 사명을 따라 살아가기를 거부한 것이다.

타락은 창조 질서의 교란이었고, 인간은 참된 생명, 즉 하나님의 복에 도달할 수 없게 되었다. *"이같이 하나님이 그 사람을 쫓아내시고 에덴동산 동쪽에 그룹들과 두루 도는 불칼을 두어 생명나무의 길을 지키게 하시니라"*(창 3:24). 인류는 하나님을 거부했다. 하나님을 사랑하지 않게 되었다. 그 결과 사람과도 사랑하며 살아갈 수 없게 되었다.

창세기 3장의 다음 이야기는 끔찍한 폭력과 심판의 현실을 알려주는데, 바로 우리가 살아가는 이 세상의 모습이다. 인간이 하나님의 통치에 순종하며 그 통치를 대행하는 삶을 벗어날 때 하나님의 복이 사라졌고 저주가 이 땅에 가득하게 되었다. 이 타락으로 인해 인간에게는 하나님의 구원이 필요하게 되었다. 이 구원은 하나님으로부터 와야 한다. 왜냐하면 인간은 복이 결여된 상태에서는 영원히 불행한 삶을 살아야 하며, 거기에서 탈출할 수 있는 방법을 스스로 찾을 수 없기 때문이다. 타락으로 인해 불행한 삶을 살게 된 인류와 그 인류가 만들어낸 대책이 없는 세상의 문제를 해결하는 것이 바로 하나님의 가장 큰 과제였다. 하나님의 구원은 이 문제를 해결하는 것이다.

이스라엘을 통해 계시된 하나님의 구원 계획

인류를 영원히 불행의 상태에 두는 것은 창조주에 대한 반역의 대가로 정당하지 않은가? 그렇게 보일지도 모른다. 또한 지금 세상의 상황으로 볼 때 구원은 불가능한 것이 아닌가? 그렇게 보는 것이 합리적이다. 하지만 하나님께서는 놀라운 사랑과 지혜로 인류의 구원을 계획하셨다.

하나님의 구원 계획은 이제 인간에게 알려져야 한다. 따라서 하나님께서는 자신의 구원 계획을 계시할 통로를 만드셨다. 바로 이스라엘이다. 아브라함의 자손 이스라엘을 통해 하나님의 구원 계획은 수천 년을 흐르며 계시되었다. 하나님께서는 아브라함(의 후손 이스라엘)을 통해 다시 이 세상을 회복하실 것이라고 말씀하신다. "아브라함은 강대한 나라가 되고 천하 만민은 그로 말미암아 복을 받게 될 것이 아니냐"(창 18:18).

이스라엘은 애굽에서 해방되어 온 세상을 구원할 하나님의 계획을 계시하는(보여주는, 미리 알려주는) 도구가 된다. 하나님은 자신을 반역한 백성들을 자기 백성으로 부르신다. 노예였던 백성에게 땅을 허락하신다. 그 땅에 하나님의 통치를 위한 법을 주시고, 인류가 반역을 회개하고 하나님의 법을 따라 살아갈 때 하나님의 복(샬롬)을 주신다는 것을 약속하시고 보여주셨다. "네가 네 하나님 여호와의 말씀을 청종하면 이 모든 복이 네게 임하며 네게 이르리니"(신 28:2). 이스라엘에게 주어진 온 세상에 대한 하나님의 구원 계획은 다윗에 이르러 분명히 증거된다. 선지자들은 메시아를 통해 하나님의 구원이 이루어질 것을 예언했다.

하나님의 구원을 성취하는 메시아 예수와 하나님나라

수천 년 동안 계시되고 준비된 놀라운 구원 계획을 이루시기 위해 하나님께서 보내신 메시아가 바로 이 땅에 오신 예수다. 하나님께서 약속하신 메시아가 예수이며, 예수를 통해 하나님의 모든 계획이 온전히 계시되고 하나님의 모든 구원이 온전히 성취되었으며, 예수의 재림으로 하나님의 구원은 완성된다는 것이 기독교의 참된 진리다. 실제로 예수께서 오신 이후 세상은 분명히 변했다. 구약의 약속들은 예수님을 통해 성취되었다. 예수님을 믿고 복음을 체험한 이들의 공동체는 교회라는 이름으로 확장되었다. 로마를 집어 삼켰고, 세상 속에 하나님나라의 발자취를 남겼다.

예수가 이론을 전했다면, 그런 위대한 사상가들은 세상에 많았다. 예수가 몇 가지 신비한 기적을 이루었다면, 그런 마술사들도 세상에 많이 존재했다. 그러나 하나님의 구원의 약속을 성취하여 새로운 역사를 이룬 분은 예수가 유일하다.

예수를 통해 하나님께서 창조하실 새로운 세상이 '하나님의 나라'로 표현되었다. 하나님의 나라는 하나님을 반역한 인류를 통해 망가진 세상이 다시 회복되는 것이다. 하나님나라는 하나님께서 보내시는 성령의 초월적인 역사로 '예수'를 주로 시인하며 살아갈 때 이루어진다. 예수의 십자가 앞에서 하나님을 반역한 자신의 죄와 과거를 회개하면 성령이 마음에 오신다. 성령을 따라 살아가면 하나님의 놀라운 복이 임하여 죽은 자가 살아난 것 같은 새로운 삶을 경험한다. 새로운 삶을 살아가는 그리스도인을 통해 주위에 하나님나라가 이루어지며, 온 세상에 가득한 악에도 불구하고 하나님나라는 유유히 흘러간다. 장차 예수께서 재림하실 때 구원은 완성된다.

하나님은 왜 세상을 구원하시는가?

여기서 잠깐 생각해볼 것은 왜 하나님이 이런 복잡한 과정을 통해서 인간을 구원하려 하시는 것인가 하는 점이다. 일반적으로 사람들은 하나님의 사랑을 그 이유로 제시한다. 맞는 말이다. 하나님은 사랑이 넘치신다. 하지만 죄인인 우리(어떤 사람들은 자기 한 사람을 너무나 사랑하셨다고 말하기까지 한다)를 사랑하셨다는 감상적 이유를 가지고 하나님의 구원을 다 설명하기에는 무리가 있으며, 그런 설명은 너무나 자기중심적이라는 것을 인정해야 한다.

우리는 더 큰 그림을 보아야 한다. 하나님의 구원은 하나님께서 원래 세상을 창조하셨던 목적과 관련되어 있다. 하나님께서는 세상을 통해 영광을 받으려 하셨다. 그것이 신의 존재 목적이다. 자신의 능력과 사랑과 지혜를 표현하시고, 인간을 통해 자연만물을 통해 영광을 받으시는 것이 하나님의 목적이다. 생각해보라. 하나님이 세상을 만드셨는데, 이 세상이 반역한 인간을 통해 자신의 목적대로 존재하지 않게 되었다면 다시 회복하려고 의도하지 않으실까? 회복을 위해 엄청나게 놀라운 지혜를 사용하지 않으실까? 그 결과 우리가 상상할 수 없는 놀라운 일을 이루시지 않을까? 바울이 말하고자 한 것은 바로 그런 것이었다. "깊도다 하나님의 지혜와 지식의 풍성함이여, 그의 판단은 헤아리지 못할 것이며 그의 길은 찾지 못할 것이로다"(롬 11:33).

하나님께서는 창조의 목적을 회복하시기 위해 하나님을 반역한 인류 가운데 하나님의 백성을 새롭게 창조하시고, 그들에게 이 땅을 맡기시며, 그들을 통해 하나님이 이 땅을 통치하실 것을 계획하셨다. 이것이 바로 구약성경에 계시된 하나님의 구원의 방법이다. 이것이 또한 이스라엘과 온 인류의 죄를 사하고 하나님의 통치를 이루는 구원의 방식이었다. "보라 주 여호와께서 장차 강한 자로 임하실 것이요 친히 그의 팔로 다스리실 것이라"(사 40:10). "여호와께서 천하의 왕이 되시리니 그날에는 여호와께서 홀로 한 분이실 것이요 그의 이름이 홀로 하나이실 것이라"(슥 14:9). 하나님께서는 아들 예수를 통해서 왕이 되시고, 온 세상을 사탄의 통치에서 이끌어내어 진정한 복을 주시길 원하셨다. 그리고 그것을 이루셨다. 하나님은 예수를 통해 천하의 왕이 되신 것이다. 바로 타락의 문제를 해결하신 것이며, 타락의 결과를 바로잡으시는 것이다. 예수님을 통해 성취된 이 하나님나라에서, 하나님께서 왕이 되셔서 세상이 변화되는 것을 믿고 주님을 따르는 신앙이 기독교다.

예수는 하나님의 구원을 이루기 위해 세상에 오셨다

이제 우리는 그동안 이 책에서 진행했던 모든 논의의 결론에 도달했다. 이제 다시 예수 이야기를 해야 한다. 논의의 결론이 예수 이야기라는 것은 너무나 당연하다. 하나님의 원래 의도가 그랬기 때문이다. 하나님의 구원 계획은 유대인들이 생각하듯이 자신들에게서 끝나지 않는다. 유대인들은 (모든 유대인은 아니지만) 구약을 잘못 읽었다. 어떤 무지한 사람들이 생각하듯이 예수라는 현인(賢人)에 의해 구원 이야기가 시작된 것은 더더욱 아니다. 몇 사람에 의해 날조된 이야기로부터 이런 결론에 도달한 것도 아니다.

하나님의 구원 계획은 수천 년 동안 계시되었고, 신약의 저자들은 예수가 바로 하나님의 구원 계획의 최종적 성취였다는 것을 확실히 깨닫고 체험하게 되었다. 하나님께서 성령을 통해 모든 것을 깨닫게 하셨다. 이것이 바로 바울을 비롯한 수많은 유대인들이 자신들의 기득권을 버리고 예수에게 헌신한 이유이다. "하나님의 말씀이 점점 왕성하여 예루살렘에 있는 제자의 수가 더 심히 많아지고 허다한 제사장의 무리도 이 도에 복종하니라"(행 6:7).

기독교 신앙은 이렇게 창조부터 예수까지 인간의 지혜로 이해할 수 없는 놀라운 과정을 통해 우리에게 주어졌다. 이후 2천 년 교회 역사 속에서 기독교인의 연약함과 교회의 부패에도 불구하고 (변명 같지만 일부 가짜들과 타락한 이들은 항상 존재할 수밖에 없다.) 기독교 신앙이 개인을 변화시킬 뿐 아니라 세상을 고칠 수 있는 유일한 종교라는 것이 분명해졌다. 기독교 신앙은 죽으면 천국 간다는 식으로 요약될 수 있는 얄팍한 교리도 아니며, 기도해서 복받는 식의 성경 몇 구절을 뽑아 만든 샤머니즘도 아니다.

어느 것과도 비교할 수 없는 최고의 경험

이제 최종적인 이야기만 남았다. 당신이 이 책에서 다룬 모든 논의를 주의 깊게 따라왔다면, 이 놀라운 구원을 이루시기 위해 하나님께서 보내신 메시아가 바로 이 땅에 오신 예수라는 사실을 도저히 부인할 수 없을 것이다. "아들을 낳으리니 이름을 예수라 하라 이는 그가 자기 백성을 그들의 죄에서 구원할 자이심이라 하니라 이 모든 일이 된 것은 주께서 선지자로 하신 말씀을 이루려 하심이니"(마 1:21-22).

예수는 무엇을 하러 이 세상에 오신 것인가? 바로 하나님을 반역한 인간을 위해 이스라엘을 통해 계시되었으나 그들 스스로는 이룰 수 없었던 하나님의 구원 계획을 이루기 위해 오셨다. 그를 믿는 이들은 모두 하나님을 왕으로, 삶의 주인으로 모시고 새로운 삶을 살게 되었다. 가짜도 많았고, 타락의 유혹도 있었다. 하지만 예수께서 하신 일은 몇 가지 부정적인 이야기로 희석될 수 없는 유일한 소망의 드라마다.

예수는 다윗의 자손이자 이스라엘의 왕으로서, 동시에 하나님의 아들로서 오셨다. 예수를 믿고 기독교의 참된 진리를 체험하는 것은 어느 것과 비교할 수 없는 최고의 경험이다. 바울은 예수 그리스도를 만나고, 자신이 누렸던 권세와 물질과 존경을 배설물로 여겼다.

소망 없는 인생과 세상에 대한 놀라운 해결책, 온 인류가 고대하는 세상의 모든 문제에 대한 해결책을 경험하면 반드시 전하게 되지 않겠는가? 예수를 믿도록 복음을 전하는 일은 인류를 저주로부터 벗어나서 하나님의 복의 충만한 상태로 이끄는 유일한 길이다. 예수를 통해 성취된 하나님의 구원은 로마 시대에도 지금도 이 세상의 유일한 복된 소식인 것이다. "하나님의 아들 예수 그리스도의 복음의 시작이라"(막 1:1).

기독교의 참된 진리는 세상 전체를 설명하며, 모든 문제의 궁극적인 해결책을 제공하며, 초월적인 신의 능력으로 모든 설명이 실재가 되게 하는 체험을 제공한다. 기독교는 그야말로 참되며 총체적이다. 독자가 이 신앙을 경험하고 누리길 소망한다. 그러면 자동으로 이 신앙의 전파자가 되어 수많은 이들에게 새로운 인생을 선물하고, 세상을 치유하는 아름다운 삶의 주인공이 될 것이다.

믿고 싶은 그대를 위해 ⑦

- 창조는 우리에게 두 가지를 알려줍니다. 인간은 하나님의 복이 필요한 존재라는 것이며, 복을 얻기 위해 하나님의 통치를 대행하며 살아야 한다는 것이지요.

- 타락으로 인해 불행한 삶을 살게 된 인류와 그 인류가 만들어낸 대책 없는 세상의 문제를 해결하는 것이 하나님의 가장 큰 과제였습니다. 하나님의 구원은 이 문제를 해결하는 것입니다.

- 하나님은 예수를 통해 천하의 왕이 되셔서 타락의 문제를 해결하신 것입니다. 예수님을 통해 성취된 하나님나라에서, 하나님께서 왕이 되셔서 세상이 변화되는 것을 믿고 주님을 따르는 신앙이 기독교입니다.

의심과 오해를 넘어
납득과 경험에 이르기를

과거로 돌아가지 않기를

예전에 청년 사역을 하며 생일에 받았던 메시지 하나가 기억난다.

"이젠 어찌합니까? 과거로 돌아갈 수가 없네요. … 머리 숙여 감사드립니다."

앞뒤로 긴 메시지들이 있었지만, 기억에 남는 것은 이 한 줄이었다.

"과거로 돌아갈 수가 없네요."

왜 그는 과거로 돌아갈 수가 없다고 했는가? 과거에 그는 교회에 오래 다녔지만, 기독교 신앙은 납득되지 않는 막연한 것이었다고 했다. 당연히 교회 나오는 것도 기쁘지 않았고, 성경도 믿어지지 않고 의무감만 마음에 남았다고 한다. 그러던 중 여러 기회들을 통해 성경에 대한 의심들, 기독교에 대한 오해가 풀리는 과정을 통해 기독교가 납득되었다고 한다.

납득이 되고 나니 자연스럽게 공동체가 좋아지고, 어려운 이웃들에게 봉사하는 자리에도 기꺼이 나아가게 되었다. 마음의 불안과 우울도 해소되고 말씀대로 나눔을 실천하면서, 마음뿐만 아니라 실제로 물질적으로도 풍족해지는 경험을 하게 되었다. 자신의 변화로 인해 부모님과 형제들과의 관계도 회복되고, 교회를 찾아온 힘겨운 영혼들도 자신의 섬김을 통해 삶이 회복되는 경험을 하게 된다. 그러니 어떻게 과거로 돌아갈 수 있는가? 예수도 성경도 의심하며, 잘 알지도 못하는 얄팍한 지식으로 말씀에 딴지를 걸고 기독교에 대한 부정적 정보들 몇 가지로 오해만 쌓여갔던 시간들, 복음의 실제를 경험하지 못하며 늘 우울했던 시간들, 비판적이었던 시간들로 어찌 돌아가겠는가?

의심과 오해는 당연하다

기독교 신앙은 하나의 지성적 이론 체계와 초월적 경험의 결합이다. 신비한 경험만 하는 것도 아니고, 뜬구름 잡는 사상 체계로만 존재하는 것도 아니다. 따라서 경험을 하기 전에는 의심에 사로

잡힐 수밖에 없고, 이론의 틀이 세워지기 전에는 오해하기 쉽다. 게다가 세계 어디를 가나 교회와 기독교인이 있으니 그들에게서 부정적인 경험을 전혀 하지 않기는 어렵다. 또한 2천 년 동안 온 세상을 헤집고 다닌 선교의 역사가 사람이 결부되는 한, 항상 긍정적으로 해석될 수는 없었다.

나는 때로 하나님에 의한 분명한 기적이 일어나도 믿지 않는 사람들이 많다는 것을 목회의 현장에서 경험했고, 교회 안에서 믿는 이들도 인간의 연약함 때문에 쓰러지는 것을 많이 보았다. 하나님께서 이스라엘을 통해 애굽에 놀라운 재앙을 내릴 때도 애굽왕 바로는 하나님께 끝까지 대적했고, 놀라운 기적을 경험한 이스라엘 백성도 곧바로 현실에 무너지기도 했다. 기독교 신앙에서 의심과 오해는 필연적이다.

그럼에도 불구하고 기독교의 하나님은 여전히 인종과 나라를 초월하여 경배의 대상이 된다. 왜 그런가? 예수를 만난 사람들은 놀라운 변화를 경험하기 때문이다. 하나님나라를 이론으로서가 아니라 실제로 누린다. 마음의 평안? 긍정적인 생각? 그 정도가 아니다. 이전의 자신과 비교할 수 없는 새로운 자신이 된다. 자신을 통해 가정과 이웃에게 놀라운 일이 일어난다. 예수를 믿는 기독교인들은 세계 오지에 가서 자신의 인생을 불사르며 내어준다. 기독교가 지나간 나라들에는 확연한 사회적 변화들이 나타난다. 이것이 때로 교회가 타락하고 신실하지 못한 가짜 그리스도인들이 이미지를 망쳐도 기독교가 여전히 진리로 인정받는 이유다.

안티기독교인들은 절대 이해 못할 것이다. 무신론자들은 비웃을 것이다. 하지만 여전히 기독교는 실제의 경험을 통해 전파된다.

기독교 신앙은 로마 제국의 한 귀퉁이에서 사이비 종교보다 더 존재감 없이 출발했다. 기독교인들은 정치인들의 입맛에 맞게 얼마든지 박해하고 죽일 수 있는 먹잇감이었다. 그러나 기독교는 로마를 넘어 온 세계에 구원의 발자취를 분명히 남겼다.

로드니 스타크의 〈기독교 승리의 발자취〉에 따르면 로마 제국 내에서 기독교인의 긍휼 사역은 삶의 고난을 덜어주었고, 기독교인은 비기독교인보다 평균 수명도 길었다고 한다. 기독교인 가운데에서 여성의 지위는 비기독교인보다 월등히 높았다고 한다.

로마가 기독교를 정말 심각하게 박해했던 것은 잘 알려진 사실이다. 지금 북한보다 더하면 더했지 덜 하진 않았다. 그럼에도 로마에서 놀랍게 기독교인이 늘어난 것은 아무리 풍요로운 삶을 살아도 로마인들이 해결할 수 없는 수많은 삶의 문제들을 기독교가 해결해주었기 때문이라고 보아야 한다. 한국에서는 어떠한가? 개신교가 들어오기 전 천주교 역사는 그야말로 순교의 역사다. 개신교가 들어왔을 때에도 박해는 마찬가지였다. 수많은 미신들은 아시아의 다른 국가들과 다를 바가 없었다.

그런데 기독교 신앙은 지금까지 어떻게 오게 되었는가? 누군가가 사상으로 선동해서? 죽은 후에 천국 가고 싶은 사람들을 모아서? 아니다. 한국에서 처음 기독교인이 된 사람들은 여성을 교육하고 가난한 자들을 구제하고 장애인들을 돕는 선교사들을 보고서 가정에서 여성을 존대하고 첩 제도에 대해 근본적인 개혁을 단행했다. 장애인의 인권이나 복지에 대한 개념조차 없었던 시기에 장애인들과 가난한 이들과 고아들을 위해 긍휼 사역을 펼쳤다. 조선 양반들이 아무 것도 하지 않을 때, 기독교인들은 고통당하는 이들에게 필요한 것을 공급했다.

하나님을 만나 변화를 경험하기를

필자가 이 원고를 쓰고 있는 지금 코로나19로 세계가 시끄럽다. 그런데 한국은 체계적이고 앞선 의료시스템 덕에 선진국 대접을 받게 되었다. 한국의 선진 의료 시스템이 어디서 시작되었나? 선교사들의 헌신으로 시작되었다. 세브란스병원의 첫 한국인 의사 7인 중 하나가 백정의 아들이었고, 20세기 초반에 이미 선교사에 의해 여성 의료인들도 배출되었다. 이런 상상할 수 없는 사회 변화의 시작은 모두 기독교 신앙의 흔적이다.

교회가 위기에 처했다고 한다. 하지만 기독교는 창조 이후로 하나님의 놀라운 개입으로 여기까지 왔다. 하나님을 만나 변화를 경험한 이들이 한 명이라도 있는 한, 기독교는 여전히 역사 속에 승리의 발자취를 남길 것이다.

기독교에 대한 작은 경험이라도 있었다면, 의심과 오해를 넘어 참된 진리에 도달하길 바란다. 이 작은 책을 읽은 당신이 그 위대한 지성적 체계에 놀라고 더 위대한 경험의 초월성에 압도되어, 이 세상 어디서도 누릴 수 없는 하나님나라의 복을 필자와 더불어 누리게 되길 축복한다.